JN056061

ロッシー小川

女子プロレス55年史

〜秘蔵写真、お宝グッズ、エピソードで見る〜

全日本女子プロレスからアルシオン、スターダムまで

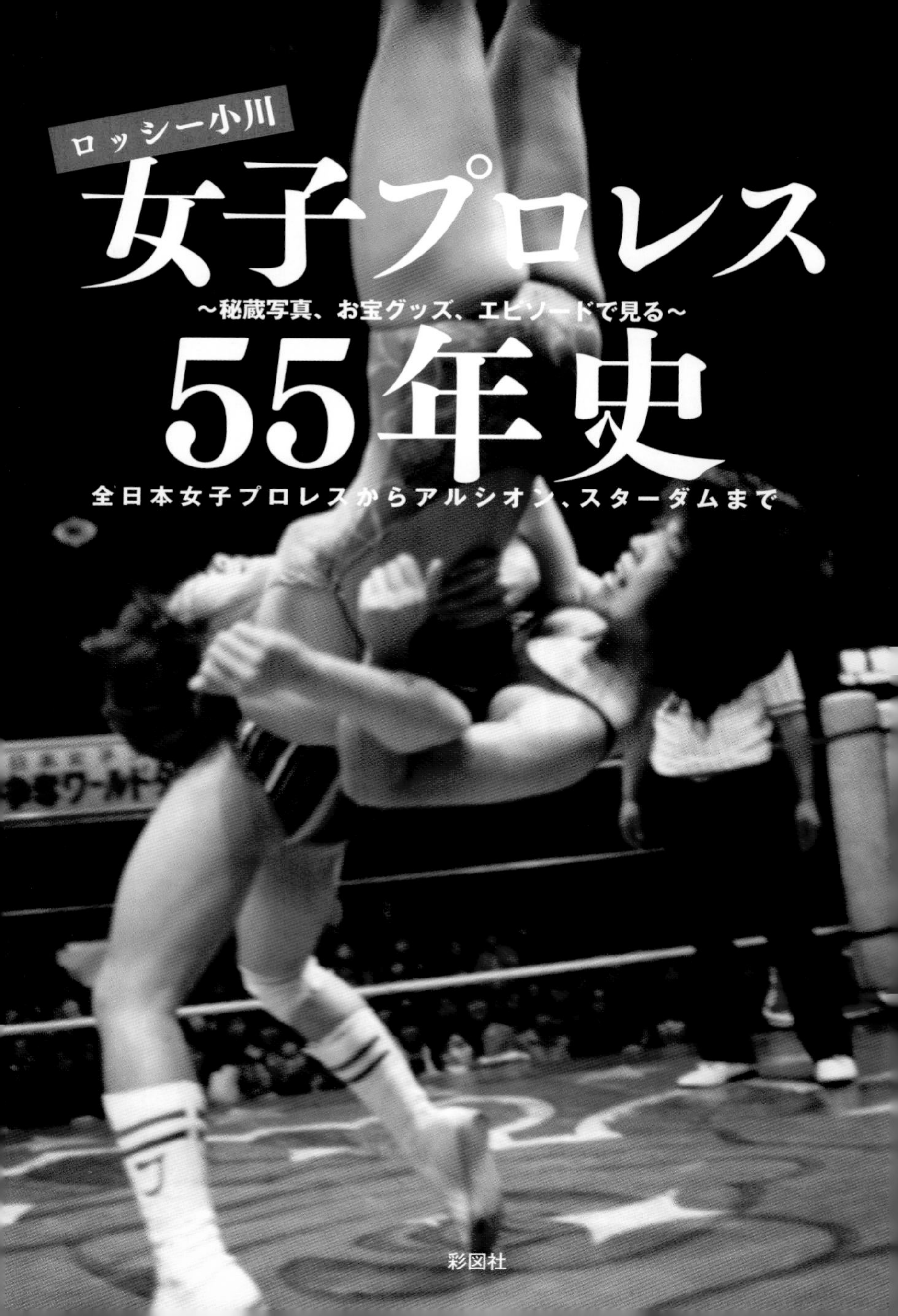

彩図社

←1977年には主演映画も公開された

↑『かけめぐる青春』『真っ赤な青春』『バンババン』などの楽曲を発表

ビューティ・ペア

⬆1978年10月開幕のタッグリーグ戦。ビューティはクイーン・エンジェルスに敗れ、解散への道を進んだ。

クイーン・エンジェルス（左：トミー青山、右：ルーシー加山）

池下ユミ（上）とブラック軍団（下）

ジャッキー佐藤（奥）、トミー青山（左）、横田利美（右）

ジャッキー佐藤と横田利美

マミ熊野

ナンシー久美

赤城マリ子とシルバーサタン

70～80年代の選手たち

⬅WWWA世界タッグ王座のベルトを巻いたミミ萩原（左）とWWWA世界シングル王者のベルト姿のジャガー横田（右）

⬇［前列左から］大森ゆかり、ジャガー横田、ミミ萩原、［後列左から］ジャンボ堀、立野記代、高階由利子、ライオネス飛鳥、長与千種

ジャガー横田 vs ラ・ギャラクティカ

ラ・ギャラクティカとの髪切りマッチに敗れ、髪を切られるジャガー横田（1983年5月7日、川崎市体育館）

83年6月1日のラ・ギャラクティカとの再戦でリベンジ成功。マスクもはぎ取った（右）。

ミミ萩原

『デラックスプロレス』で連載を持っていたミミ。スタン・ハンセンとも対談した。

1983年にはエアコンのCMでアブドーラ・ザ・ブッチャーと共演

クラッシュ・ギャルズの時代

80年代中盤に黄金時代を築いたクラッシュ・ギャルズ（左：ライオネス飛鳥、右：長与千種）

デビュー曲『炎の聖書』が大ヒット。当時人気があった『ヤンヤン歌うスタジオ』にも出演した。

クラッシュ・ギャルズの最大のライバル・極悪同盟（左から影かほる、コンドル斎藤、ダンプ松本、ブル中野）

⬆謎の覆面マネージャー、ザ・ベートーベン
⬅懐かしのタコヤキラーメン

80～90年代のタッグチーム

［上段左から］ダイナマイトギャルズ（左：大森ゆかり、右：ジャンボ堀）、ＪＢエンジェルス（左：立野記代、右：山崎五紀）
［中段左から］オペロン同盟（左：永友香奈子、右：小松美加）、ファイヤージェッツ（左：堀田祐美子、右：西脇充子）
［下段左から］海狼組（左：みなみ鈴香、右：北斗晶）、レッドタイフーンズ（左：小倉由美、右：永堀一恵）

全女の外国人レスラー

[上段左から] メデゥーサ、モンスター・リッパー、ウェンディ・リヒター [中段左から] UWA世界女子王者のローラ・ゴンザレス、1989年5月に行われた初の横浜アリーナ大会に来日した外国人レスラーたち [下段左から] デビー・マレンコ、ラス・ギャラクティカス、グラマーガールズ（左：ジュディ・マーチン、右：レイラニ・カイ）

デンジャラス・クイーン　北斗晶

⬆90年代に起きた空前の団体対抗戦ブーム。その主役の座を射止めたのは全日本女子プロレスの北斗晶だった。

➡団体対抗戦の緒戦であるＦＭＷの横浜スタジアム大会（92年9月19日）

⬆伝説となった93年4月2日の神取忍戦（横浜アリーナ）

対抗戦時代の全女の選手たち

［上段左から］ブル中野、山田敏代＆豊田真奈美、ダブル井上（左：井上京子、右：井上貴子）［中段左から］93年4月2日横浜アリーナ大会記者会見、日米新世代タッグ（左：長谷川咲恵、右：デビー・マレンコ）、［下段左から］91年にメキシコ遠征した井上京子＆山田敏代、ラス・カチョーラス・オリエンタレス、チャパリータ ASARI

アルシオン

⬅アルシオンでデビューした生え抜きの3人。浜田文子（左）、AKINO（右）、藤田愛（手前）

吉田万里子

府川唯未

キャンディー奥津

当時の筆者のデスク

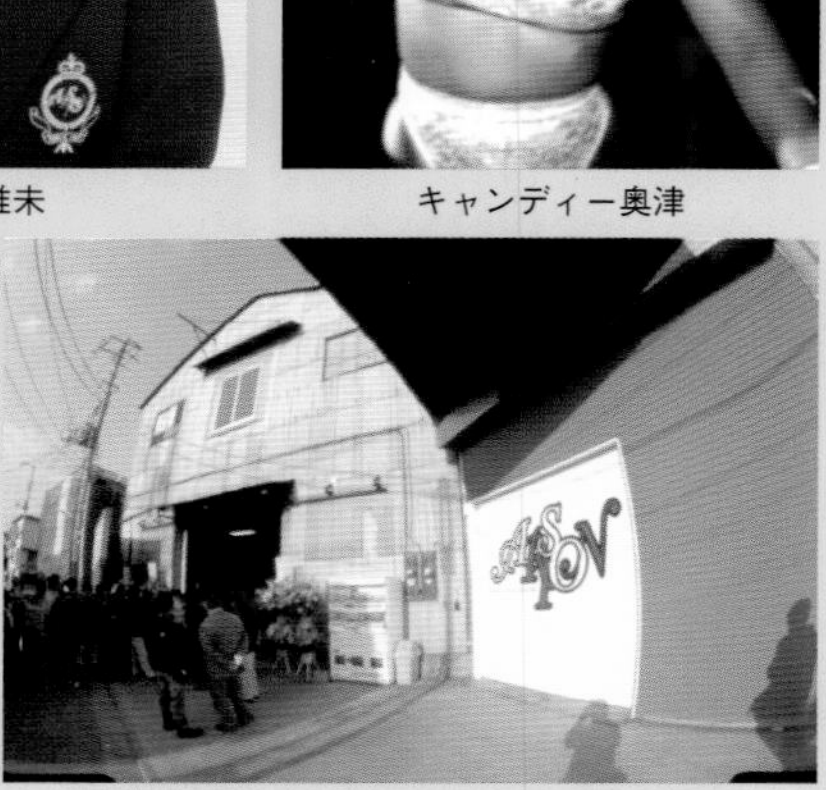

倉庫を改装して作ったアルシオンの道場

［上段左から］大向美智子、中西百重（左）とnoki-A（右）、藤田愛（左）と納見佳容（右）、［中段左から］チャパリータASARIとタイガードリーム、アルシオンに参戦したルチャドーラたちと一緒に［下段左から］「ダッダーン、ボヨヨン、ボヨヨン」のCMで人気だったレジー・ベネット、堀田軍との抗争で攻撃を受ける筆者

いつもありがとうございます。
これからもよろしくです!!
女子プロの未来はうちらだ↗
ありがとうございました!!

秘蔵写真、お宝グッズ、エピソードで見る

ロッシー小川　女子プロレス55年史

彩図社

はじめに

私がプロレスと出会って早、55年の歳月が経った。

女子プロレスの業界に入ってからはちょうど45年。「プロレスが好きだ」という想いだけで、ひたすら突っ走ってきた。世の中は昭和から平成、そして令和と年号をまたがってプロレス一筋で生きてこられたのは、他のことに目を向けなかったことに尽きるだろう。

すでに女子プロレス業界では最古参になってしまったが、いつだって過去よりも未来を模索してきたと自負している。

全日本女子プロレスで団体プロレスを学び、独立してアルシオン、AtoZを経てＪＤスターに身を置いたこともあった。何よりスターダムを設立し、紆余曲折があり一念発起してブシロード・グループ入りを果たした。今やスターダムはダントツで唯一無二の女子プロレス帝国を作ろうとしている。まだまだ右肩上がりの勢いがあるが、この世界は一寸先はハプニングやらサプライズが待ち受けている。だからハラハラもするし、やり甲斐があるのだろう。

本書は女子プロレスに興味を持ってから現在までの55年間の白書でもある。

少年時代にTV中継を見た小畑千代に始まり、赤城マリ子やマッハ文朱らの全女創世記の選手たちと思い出の名勝負を回想。私が業界入りした時はビューティ・ペアの全盛期であり、大ブームの真っ最中。それからジャガー横田やミミ萩原、デビル雅美の奮闘記があり、80年代は共に歩んだクラッシュ・ギャルズ時代と繋がっていった。その精鋭選手たちのエピソードと懐かしの名勝負も綴ってみた。

それから3度目のブームと称された90年代の団体対抗戦時代。北斗晶、ブル中野、豊田真奈美、井上京子たちが体を張って凌ぎを削っていた。今、振り返ってもこの時期の女子プロレスは極めて刺激的だった。

私は全女で20年間働き、退社して独立し、アルシオンを旗揚げして反旗を翻したときもあった。私にとって全女は反面教師だが、とてつもなく巨大な女子プロレスの世界観を築いたことは紛れもない事実だ。20歳から40歳までが全女での生活だった。団体対抗戦の逸話などは元JWP女子プロレス代表の山本雅俊さんと、久しぶりに会って存分に語り合った。今から30年前のあのブームの側面を生きてきた2人による対話は、きっと興味深いことだろう。

自ら理想の女子プロレスを目指してアルシオンを興し、プロデューサーの立場から団体を運営する代表者として悪戦苦闘の連続。その物語は2019年に発売した『【実録】昭和・平成　女子プロレス秘史』（小社刊）に詳しく書かれているので、ぜひご覧頂きたい。アルシオンを振り返る対談として大向美智子に登場してもらった。私との関係性やアルシオンという団体が何だったのかが垣間見れる内容になっている。

私のプロレス人生は50代になってから、加速を上げて飛ばしている。２０１１年にスターダムを旗揚げして丸12年が経過した。この12年間に出会った主要選手たちをそれぞれ語ってみた。どの選手たちに対しても過去最大の思い入れがある。スターダムは私のプロレス生活の最終章であり、このメンバーに誇りを持っている。スターダムの発展こそが女子プロレスの繁栄であり、私が関わっている場所（団体）がいつだって中心でありど真ん中だ。３つ目の対談として時代の寵児でもあるジュリアと、濃密な話を楽しんだ。

３５０ページを超える分厚い本書には時代ごとのエピソードだけではなく、私がこれまで収集したコレクションの一部を公開した。サイン、マスク、コスチューム、フィギュア、自伝&写真集、チャンピオンベルトやお宝の逸品を見るだけでも女子プロレスの歴史を感じ取ってもらえることだろう。

私は今、66歳に差し掛かろうとしている。まだまだ現役の最前線を進んでいくつもりだが、先のことは神のみぞ知るところだろう。

東京スポーツが制定する女子プロレス大賞もスターダムの選手が過去12年間で9回も受賞した。私が70歳になって業界生活が50周年になったら、プロレス大賞で何か表彰してもらいたいと勝手に描いている。２０２１年より健康を害して毎週病院に通い治療を繰り返しているが、頭脳はまだ第一線で通用すると自負している。やはり高齢になってくると病は大敵であり、何より健康に勝るものはない。そしてこれからのプロレス生活は、私を慕ってくれている選手たちや周りの理解者のために力を注ぎながら、お返しをする番である。そして女子プロレスという日本が世界に誇る文化を、後世に残るように何らかの形で伝承していきたいものだ。

女子プロレスが好きで好きでたまらない諸君、本書でさらに楽しんでください！

２０２３年3月　著者記す

秘蔵写真、お宝グッズ、エピソードで見る

ロッシー小川　女子プロレス55年史　目次

第二章 伝説になったスター、ビューティ・ペア

第七章 ロッシー小川が選ぶスターダム名勝負23 ……291

第一章 女子プロレス創成期の記憶

全日本女子プロレスの誕生

日本における女子プロレスの幕開けは、１９５０年頃にボードビリアンのパン&ショパン猪狩兄弟が、日劇（日本劇場）で〝ガーター争奪戦〟なるアトラクションを開催したことだと言われている。これは女性の下着であるガーターを取り合うというもので、猪狩兄弟の妹、猪狩定子が第一号選手だった。これは〝女子プロレス〟とは銘打ってはいないが、たしかな源流。力道山が日本にプロレスの礎を築く（１９５３年に日本プロレス設立）以前に、この国では女子プロレスが芽生えていたことになる。

その後、１９５４年11月に米軍を慰問するために、世界チャンピオンのミルドレッド・バーク一行が来日する。蔵前国技館で大々的に大会を行い、猪狩定子ら数名の日本人女子レスラーが誕生した。これをきっかけに全国各地で女子プロレス団体が設立され、１９５５年9月には各階級の王者を決定するオールスター戦的な交流も盛んになった。しかし、様々な団体が乱立したことでレベルが低下、団体も次々に崩壊し、昭和30年代後半には女子プロレスは姿を消したのだった。

それからしばらくは、日本女子プロレスの冬の時代。大々的な興行が打たれることはなく、妹の吉葉礼子や山口洋子がレスラーだった松永高司は、潰れた団体のメンバーやミゼットらを引き連れて、キャバレーなどを回ってマットプロレスを行っていた。

そんな状況に変化が起きたのは、１９６７年。浜松で風俗業を営んでいた中村守恵が松永高司らと「日本女子プロレス協会」を旗揚げしたのだ。

日本女子プロレス協会はアメリカのプロレス団体ＮＷＡとの提携に成功。１９６８年３月には、当時のＮＷＡ女子世界王者だったファビュラス・ムーラが来日し、ベテランの巴ゆき子が短時間ながら世界王座を奪取した（３月10日の東大阪市体育館で獲得、４月２日の浜松市体育館で防衛失敗）。

しかし、それからほどなくして日本女子プロレス協会で内紛が巻き起こる。マネージャーとして参画していた松永高司が巴ゆき子ら配下選手を引き抜き、「全日本女子プロレス」を設立したのだ。

日本女子プロレスは、１９６８年12月から、東京12チャンネル（現・テレビ東京）で中継が開始。小畑千代や佐倉輝美を中心にゴールデンタイムに放送されることになった。だが、１９７０年にＴＶ中継が終了すると、有力選手が相次いで離脱。１９７２年に解散した。

一方、兄弟や親戚で構成された全日本女子プロレスは、地方興行を軸に、岡田京子、京愛子、赤城マリ子ら美人選手の出現で地道に認知されていく。従来のキャリア重視ではなく、若返りを図ったことで女子プロレスを一新させることに成功したのだ。

日本テレビの深夜番組「11ＰＭ」でも定期的に放送されると、全日本女子プロレスは後楽園ホールに初進出。歌手志望で人気番組「スター誕生」の決戦大会に選ばれたマッハ文朱がデビューすると、一躍お茶の間の人気者になったのであった。

マッハ文朱

『花を咲かそう』が大ヒット！　元祖歌う女子レスラー

女子プロレスの存在を世間に広めた立役者は、16歳でWWWA世界王者になったマッハ文朱《ふみあけ》だ。マッハは当時の新人歌手の登竜門的な番組「スター誕生」で山口百恵と優勝を争ったという肩書きを引っ提げて女子プロレス入り。山口百恵は後に芸能界の歌姫としてスーパースターの階段を上がっていったが、マッハもデビュー1年足らずで最高峰のチャンピオンに君臨。歌う女子レスラーの第一号であり、リング上で初めて歌った先駆者。大きな体とそのスター性で、マッハはあれよ、あれよと人気者になっていった。

私はマッハの試合を撮影したことはあったが、全女では入れ違い。松永会長からマッハのエピソードはいろいろ聞いたが、どうも芸能界へのステップとしてプロレスに関係してきたと言っていた。それでも芸能人になってもマッハは、〝マッハ〟の名前を変えなかった。プロレスを引退後、マッハは女子格闘技シリーズに出場。その模様はTV東京で中継していたが、全女のスタッフに言われて後楽園ホールまで視察に行ってきた。女子格闘技といってもプロレスラーを相手に試合をしていたから、実際は形を変えたプロレスだった。〝異種格闘技戦〟にほど近かったと記憶する。

私とは同世代だが業界の先輩だけに一度はお会いしたいものだ。

マッハ文朱(まっは・ふみあけ)…1959年生まれ。175㎝、70㎏。雑誌の募集記事を見て、1974年に全日本女子プロレスに入門。圧倒的な体格を武器に勝ち進み、翌年には早くもWWWA世界シングル王座を獲得。デビュー曲『花を咲かそう』は40万枚を超える大ヒットを記録する。人気絶頂の1976年、突如引退を表明し、芸能界に転身。わずか3年足らずの現役生活だったが、大きなインパクトを残した。

京愛子

ＷＷＷＡ世界シングル22度防衛の元祖美人レスラー

従来の女子プロレスは体のイカツイ女同士の闘いが主流だったが、それを一新したのが元祖美人レスラーの岡田京子と京愛子の２人なのだ。

特に京愛子はＷＷＷＡ世界シングル王座をマリー・バグノンから奪取し、通算22回防衛というレコードの保持者として後世に名を残した。美人で華麗なるテクニシャンという女子プロレス・モデルを築いた第一人者だ。残念ながらその映像はまったく残っていないため、記憶の中でしか存在しないが理想的な女子プロレスラー像だった。私はうっすら記憶にあるが、自然な美しさが魅力的な選手でコブラツイストが得意技。この時代の女子レスラーの多くはアントニオ猪木の試合スタイルに少なからず影響を受けていたものだ。

ジャンボ宮本

王座に何度も君臨した突貫型パワーファイター

全女創世記のチャンピオンと言えば、やはりジャンボ宮本だろう。

京愛子(きょう・あいこ)…1948年生まれ。156㎝、50㎏。1967年に日本女子プロレスでデビュー。翌年に親戚の松永高司(京愛子は松永の妻の姪)の全日本女子プロレスの旗揚げに参加。1970年に日本人初のWWWA世界シングル王座を獲得し、22度防衛するなど、初期全女のエースとして活躍。1972年3月18日には、イルマ・アセベドと日本人女子初の金網デスマッチも行っている(別府市温泉プール)。

⬅コスチューム姿の京愛子

⬇ミスZと戦うジャンボ宮本

ジャンボ宮本(じゃんぼ・みやもと)…1951年生まれ。150㎝、80㎏。1966年に全日本女子プロレスリング協会でデビュー。1968年に従兄弟の松永高司の全日本女子プロレスの旗揚げに参加。1973年にWWWA世界シングル王座を獲得し、エースの座に君臨。同王座を巡ってマッハ文朱やマキ上田と戦った。

ジャンボといっても身長は150センチそこそこなのだが、体重は80キロという相撲用語でいうアンコ型の体型。体当たり、ヒップドロップが得意な重戦車タイプで、私が全女を見始めた時は赤城マリ子と並ぶ二大エースだった。体当たり→ブレーン・バスター→ヒップドロップというのがフルコース。畳み込むパワーが優れていた。WWWA世界王座を10回も獲得したが、マッハ文朱、マキ上田にベルトを奪われて何度も王座を転落。最後は千葉県の市原臨海体育館でのタイトルマッチでマキ上田に敗れ、その場で引退を表明してリングを後にした。

1976年11月のこの試合を私はリングサイドで撮影。マスコミは誰もおらず、ひっそり去って行ったジャンボ宮本の背中に哀愁が漂っていた。この写真がパンフレットに採用されたことが、私の全女入りに繋がったのだ。

赤城マリ子

深夜の女子プロレス中継の絶対的ヒロイン

日本女子プロレスから分裂し、全日本女子プロレスが設立されたのは旗揚げシリーズ後すぐだった。選手たちのマネージャーだった松永高司が支配下の大半の選手を引き連れていったのだ。

1968年からは女子プロレス2団体時代に突入。TVをバックに持つ日本女子、地方巡業を中

➡WWWA世界タッグ王者時代（左が赤城マリ子、右は佐々木順子）

赤城マリ子（あかぎ・まりこ）…1954年生まれ、153㎝、48㎏。本名は加瀬谷東子。1970年に全日本女子プロレスでデビュー。「11PM」での女子プロレス中継では絶対的なエースだった。主な獲得タイトルにWWWA世界シングル王座、WWWA世界タッグ王座。引退後は飲食業に進出、バーを経営していた。

⬅ビューティとの集合写真

ドロップキックを見舞う赤城マリ子

心に回る全日本女子に二分されたが、ＴＶ中継が終わると日本女子はあえなく崩壊した。

全日本女子はいち早く美人レスラーをエースに起用し、急場を凌いだ。巴ゆき子、柳みゆきらを後退させ、若い岡田京子や京愛子を全面に押し出したのである。昔から女子プロレスはビジュアルが肝心だったのだ。そんな中で売り出されたのが、赤城マリ子だった。小柄で白いコスチュームを身にまとった姿は、アントニオ猪木とミル・マスカラスを足したようなテクニックを見せてくれた。

全女が日本テレビの深夜番組「11ＰＭ」の枠で3か月に一度の割合で放送を始めたのが、1973年。赤城は深夜族の花形スターに君臨した。高校生になったばかりの私も赤城マリ子には目を見張っていたし、女子プロレスをより近くに感じさせてくれた存在だった。

フライング・クロスチョップやダイビング・ボディアタックにマスカラスを感じ、コブラツイストや卍固めは猪木を投影させてくれた。マッハ文朱やビューティ・ペアにより女子プロレスが全国に浸透したが、全女初期においての絶対的なヒロインといえば赤城だった。

そんな赤城も私が全女に入社した時は、シルバー・サタンと組まされ、第一線から外されていた。ヒロインの典型的な晩年としてヒールになり、若手の壁というポジションに甘んじていたのだ。あれだけの実績を残したスター選手だが、引退試合は行われずセレモニーだけでリングを去っていく。全女首脳部との軋轢からか、最後は冷遇されていると若手スタッフだった私は強く感じたものだ。引退後はお水の花道に真っしぐら。高級クラブで修行し、後には自ら店を経営した。3歳年上の業界の先輩だけに、お会いすると私が唯一背筋を伸ばすお方である。

星野美代子

ジャンボ宮本の好敵手

全女の黎明期を代表する選手でWWWA世界王者にも君臨し、ジャンボ宮本との日本人対決が一部で話題になった。本格派タイプの実力者で、リング上でウエディングドレスを着て引退を表明した姿が印象強い。

引退後は全女の営業部長で後にプロモーターとして活動した中山淳一さんと結婚。娘はFMWでデビューした中山香里で、史上2番目の母娘二代レスラーとなった。ちなみに史上初は吉葉礼子&影かほる親子で、3番目は木村響子&木村花と続いた。

星野美代子(ほしの・みよこ)…1950年生まれ、京都府出身。初期全女の実力者で、その勇姿は「11PM」でも放送された。1973年9月、ジャンボ宮本とのWWWA史上初の日本人対決に破れ、王座から陥落。同年、結婚を理由に引退した。

小畑千代

女子プロレス創成期の伝説のエース

全女の選手ではないが、やはりこの選手は忘れられない。

女子プロレスの存在を知ったきっかけは、１９６８年３月に「ゴング」誌創刊号に掲載された外国人選手のグラビアがきっかけだった。そこには日本女子プロレスに参戦するために来日した世界チャンピオンのファビュラス・ムーラが小説家の田中小実昌氏と写真に収まっていた。

その後は毎月「ゴング」誌で情報を収集。そうこうしていると同年暮れに東京12チャンネル（テレビ東京）が午後7時30分から女子プロレス中継を開始。この30分番組のエースが、小畑千代だった。小畑の得意技はロメロ・スペシャルとエアプレン・スピン。ムーラをはじめ、トニー・ローズ、ドンナ・クリスチャネロといったアメリカ人女子選手を相手に毎週のようにＩＷＷＡ世界タイトルの防衛を重ねた。タッグパートナーは佐倉輝美、次期エース候補に中島まゆみ、有田ゆき、香川なぎさという布陣。男勝りのショートカットの小畑は後の神取忍のような武骨なタイプで、重厚感あふれるプロレスを売り物にしていた。

まだ小学生だった私は、このＴＶ中継を毎週楽しみにしていたが、学校で女子プロレスを話題にする生徒は皆無。プロレス自体はジャイアント馬場やアントニオ猪木で盛り上がっていたが、女子プロレスは大人の男性向けの特殊ジャンルに近かった。

小畑千代(おばた・ちよ)…1936年生まれ。160㎝、63㎏。55年、東洋女子プロレスでデビュー。2年後に同団体が消滅すると、〝インディペンデント〟として全国を回った。68年、分裂騒動で揺れる日本女子プロレスに入門。IWWA世界シングルを獲得するなど、エースとして活躍。日女解散後は国際プロレス女子部に移籍し、76年まで活動した。

ロッシー小川が選ぶ「全女創成期」の名勝負

１９７５年３月19日、大田区体育館
ＷＷＷＡ世界シングル選手権試合

〈王者〉ジャンボ宮本 VS 〈挑戦者〉マッハ文朱

日本テレビが放送していた新人歌手の登竜門「スター誕生」の決戦大会で、山口百恵と優勝を争ったという触れ込みで女子プロレスの世界に入ったマッハ文朱は、テレビによって世に出た初めての女子レスラーだった。

山口百恵は70年代を代表する歌姫で、多くのヒット曲と映画への出演で一世風靡した伝説のスーパースターだ。だからマッハの売り出し文句は非常にわかりやすかった。１７５センチを超える長身と16歳という若さは、従来の女子プロレスラーにいなかったまさにスター候補生。デビューから勝ちっ放しでメキメキ頭角を表し、一年後には史上最年少のＷＷＷＡ世界王者に君臨したのだ。

当時の私は写真専門学校に入学するちょうど手前。１年前に後楽園ホールで初めて見た女子プロレスの大会にマッハも出場していたが、全く別人のように急成長しスターの面構えになっていた。

対するジャンボ宮本は当時の絶対エースで、WWWA世界王者を何度も戴冠をしていた。試合は宮本が終始リードしていたが、マッハの勢いは確かにチャンピオンになるに相応しかった。マッハのダブルアーム・スープレックスが決まるとカウントスリーが入った。するとマッハはデビュー曲『花を咲かそう』をリングで歌い出したのだ。これが女子レスラーがリングで歌う第一号となった。

それから大会で歌うことが定番となったが、これ以上のプロモーションはなかっただろう。マッハは日劇でのワンマンショーを成功させ、TVを通じて名前を広めた。そのマッハも1年後にはリングを去っていく。ファンとしてはまったくの謎だったが、昔から女子レスラーは新陳代謝が早かった。

1975年10月10日、日大講堂
第一回ワールドリーグ戦優勝決定戦

ジャンボ宮本 VS ベティ・ニコライ

日本プロレスの名物シリーズだった「ワールドリーグ戦」が女子プロレスで蘇った。

優勝決定戦後、ベティ・ニコライを讃える宮本

この「ワールド～」は世界各国から外国人選手を招聘して開催。アメリカからベティ・ニコライ、チェリル・デイ、イボンヌ・ジェニングス、メキシコからイルマ・ゴンザレス、オーストラリアからスーザン・セクストンの5選手が参戦。70年代から80年代にかけての全女はシリーズに2名ずつ外国人を来日させていたが、5選手はかなり豪華だった。

まだファン時代の私は、この女子プロレスのビッグマッチを観るために日大講堂に足を運んだ。日大講堂といえば全日本プロレスの創成期の大会場として毎シリーズの最終戦に組まれていた。女子プロレスの開催はこの一度きり。リングサイドにはマスコミのカメラマンらしき人は少なく、私の独壇場だった。

注目のマッハ文朱は、赤城マリ子とのタッグでセミファイナルに登場。優勝決定戦はエース格のジャンボ宮本が、ベテランのベティ・ニコライと激突。ニコライはNWA圏の中西部でジーン・アントンとライバル闘争を繰り広げ、前年には自身の持つUS王座にマッハ文朱が田園コロシアムで挑戦していた強豪外国人の筆頭だった。その強豪相手にジャンボ宮本は得意のボディアタック、ブレーン・バスター、ヒップドロップを連発し、初優勝を飾ったのだ。

ニコライは後に全日本プロレスにいた佐藤昭雄と結婚。これが最後の来日だったが、私はバックステージでしっかりサインを貰っている。

1976年11月1日、市原市臨海体育館
WWWA世界シングル選手権試合
〈王者〉マキ上田 VS 〈挑戦者〉ジャンボ宮本

マスコミがひとりもいない千葉県市原市の体育館で、ジャンボ宮本はひっそりとリングから決別した。幸いTV中継だけはあったから、その引き際は映し出されたのだ。

私は写真専門学校の1年生だったが、女子プロレス（全女一団体時代）の会場にもちょくちょく出入りしていた。松永社長（当時）とも顔見知りとなり、フリーパスで会場に出入りを許された。一介のプロレス・ファンだった私だったが何の疑いもなくリングサイドで撮影が認められた。というのも観客は存在していても、ファンは不在の時期。熱心にカメラを持って撮影していたファンなどいるわけなかったから、私は珍しく映ったのだろう。世界タイトルマッチが行われるのに、リン

雪辱戦に破れ、突如、引退を発表したジャンボ宮本

グサイドにはカメラマンが私しかいない。プロレスファンとしては不思議で仕方なかった。私はプロレスは男女の境なく見ていたから、「いったいなぜだろう」と疑問を感じていた。

王者のマキ上田もデビューして1年の若手に過ぎなかったが、女子プロレスはそんな理屈を抜きにしても面白かった。若い選手しか在籍していないジャンルはとても新鮮で数か月見ていないと中心選手が入れ替わっていた。

大会前にはＴＶの撮影で主力選手が晴れ着姿を披露した。早くから会場入りしていた私はここぞとばかり、その模様をカメラに収めた。試合は上り坂のマキが宮本に完勝、すると宮本の引退が突然発表された。宮本はその場で挨拶して、リングから去って行った。呆気ない最後だったが、ファンがいないのだからただ観客に報告しただけに過ぎなかった。

第二章 伝説になったスター、ビューティ・ペア

伝説のヒロイン誕生

女子プロレスがブームと呼ばれたのはビューティ・ペア（ジャッキー佐藤&マキ上田）の人気が社会現象になったからだ。

マッハ文朱引退後に次代のスター候補として白羽の矢が立ったのが、10代で高身長のジャッキー佐藤とマキ上田だった。揃いのコスチュームを着て、ダイナミックな動きを繰り出す2人は結成した試合でいきなりWWWA世界タッグを獲得。メインイベンターになっても太腿に青アザが付いていた未完の大器は、悪戦苦闘しながら闘い抜いたのだ。

ビューティ・ペアはマッハ同様に歌手デビューを果たし、『かけめぐる青春』を発表すると次第に女学生のファンが熱狂する存在になった。それまで全女と縁がなかった女性ファンがまるでアイドル歌手を追いかけるように会場に押し寄せ、紙テープを飛ばし黄色い声援が浴びせたのだ。

人気爆発の影にはTVの影響があった。2人は人気歌番組の「夜のヒットスタジオ」や「紅白歌のベストテン」に当たり前のように出演、NHKでも午後7時のニュースでその人気ぶりを社会現象として伝えた。どの会場も超満員に膨れ上がり、キャラクターグッズが飛ぶように売れた。宝塚の「ベルサイユのばら」やピンク・レディの大ヒットもビューティ人気に拍車をかけたのだろう。

プロレス中継は午後7時からのレギュラー（フジテレビ）となり、ファンクラブの会員は1万人を超えた。浅草の国際劇場でのコンサートは大盛況、ビューティの物語が東映で映画化されるなど時代の寵児になったのだ。

ライバルのブラック・ペア（池下ユミ&阿蘇《あそ》しのぶ）の暴れっぷりも、名脇役そのものだった。阿蘇が早期に引退すると漆原幸恵、マミ熊野らが池下のパートナーに抜てきされ、ビューティに対抗していく。

クライマックスは、昭和52年11月1日に日本武道館で実現した王者マキ上田vs挑戦者ジャッキー佐藤のWWWA世界王座を争った一騎打ちだった。人気最高潮の時期に日本武道館に初進出するなど話題を絶やさない戦略は女性ファンを狂喜乱舞させた。そしてポスト・ビューティとしてゴールデン・ペア（ナンシー久美&ビクトリア富士美）、クイーン・エンジェルス（トミー青山&ルーシー加山）をタッグ王者に抜てき。歌手としても違ったコンセプトで売り出した。ビューティブームが続いたのは、わずか2年間。その間、私も濃密な日々を過ごした。

ジャッキーとマキが引退すると女学生のファンはイッキにいなくなった。その黎明期を支えたのがジャガー横田、デビル雅美、ミミ萩原のトロイカ体制だ。ジャガーとデビルが本格派のプロレスを展開し、ミミがセクシーパンサーの異名で従来の男性ファンに刺激を与えた。「ひと山当てる」という松永兄弟の願いは叶わなかったが、全女が女子プロレスを独占していた古き良き時代。女子プロレスがメジャーの仲間入りを果たした時代でもあった。

ビューティ・ペア

空前のブームをまき起こしたスーパースター

私がファンとして全女に通い出したのは、ジャッキー佐藤とマキ上田の台頭があったからだ。1976年2月、マッハ文朱の引退を見据えて抜てきされた2人はビューティ・ペアと名付けられ、同じ背格好に同じデザインのコスチュームで売り出された。まだ新人だった2人は毎回メインに出場し試練を与えられていた。マキが一足先にWWWA世界シングルのチャンピオンになったが、その抜群の受けっぷりとダイナミックなスケールはまさにニューヒロインそのものだった。『かけめぐる青春』で歌手デビューすると、女学生が会場に押し寄せた。紙テープが乱れ飛んだのも、ビューティの出現からだ。この人気は明らかにブームと呼ばれるものだった。NHKが社会現象となったビューティ人気をニュースで取り上げた。主演映画も作られ、音楽祭では新人賞を受賞、紅白歌合戦にも紅組の応援団として出演した。何から何まで初めてづくしの出来事。興行不振で解散まで考えていた全女を再生させたばかりではなく、女子プロレスの知名度を天辺まで押し上げた。

私はカメラマンのバイトを経て、全女に入社。早速、ビューティの芸能活動をサポートした。今では信じられない話だが、事務所の周りはファンに囲まれ、これを掻き分けて車に乗せることも重要な仕事。ジャッキーとは同級生にあたり、よくプロレスの話をしたものだ。まるで精密機械のよ

マキ上田(上)…1959年生まれ。168㎝、68㎏。1975年に全女でデビュー。76年6月、ジャンボ宮本を倒し、WWWA世界シングル王座を獲得。79年、敗者引退という過酷なルールのもと、ジャッキー佐藤と対戦。48分7秒、エビ固めで敗れ引退した。現在は浅草にある釜めし屋の女将をしている。

ジャッキー佐藤(下)…1957年生まれ。173㎝、68㎏。1975年に全女に入門。翌年、マキ上田とビューティ・ペアを結成。初戦で赤城マリ子&マッハ文朱に勝利し、WWWA世界タッグ王座を獲得。77年11月にはマキ上田のWWWA世界シングル王座に挑戦し、判定で王座を獲得した。1981年5月に引退。1986年にジャパン女子プロレスで復帰するも翌年引退。1999年、がんにより死去した。

➡『かけめぐる青春』含めて6枚のシングルを発表した

⬅ゴールデン・ペアと一緒に

⬅人気者ミル・マスカラスと

⬅乗馬に興じるビューティ・ペア。かつてないニューヒロインの誕生だった。

⬅1976年2月、結成当日にWWWA世界タッグを獲得

➡ともに身長170㎝前後という大型タッグだった

⬆晴れ着姿のビューティ・ペア。ジャンボ宮本の引退試合の日に撮影した。

➡TV番組にも多数出演

➡解散コンサートの様子

⬆ミュージカルにも進出。その姿はまさに「闘う宝塚」だった。

うに寸分の狂いのないプロレスは、人気はあったがドラマチックとはまた違った。ジャッキーはとにかく芯が強いため、かなり堅いプロレス感を持っていた。

二度に渡るジャッキーvsマキのビューティ対決は日本武道館に女の子の悲鳴が充満。60分間も悲鳴が鳴り止まなかった禁断の一騎打ちだった。私はリングサイドで写真を撮影しながら、しっかり試合を見届けた。あのビューティ対決を間近で見た数少ない生き証人となった。

ブラック・ペア

ビューティを苦しめた最大のライバル

ビューティ・ペアの最大のライバルとして出現したのが池下ユミ&阿蘇しのぶのブラック・ペアだ。ビューティ売り出しにひと役買って出たこの悪玉コンビは小型だったが、身長が高くスター性のあったビューティをとことん苦しめた。バケツやスパナといった凶器を駆使して反則の限りを尽くしていたが、池下の放つバックドロップ・ホールドは天下一品。当時の女子プロレスでは珍しい絶対的な必殺技として、ジャッキー佐藤もマキ上田もマットに沈められた。

ビューティ人気が頂点の頃に阿蘇は引退、新人の漆原幸恵（後のルーシー加山）が池下のパートナーに抜てきされた。漆原がメキシコ遠征で抜けると、マミ熊野が正パートナーに収まった。池下

ブラック・ペア(初代)
池下ユミ(左、1958年生まれ。156cm、55kg)と阿蘇しのぶ(右、57年生まれ、155cm、56kg)のタッグチーム。ビューティ・ペアのライバルとして暴れ回り、WWWA世界タッグ王座も獲得。阿蘇は78年に全女を退団、87年にジャパン女子で覆面レスラー「スナイパー」として復帰。池下は漆原幸恵やマミ熊野を加えて、ブラック軍団(下写真)を設立。81年に寿引退した。

ブラック・ペアの私服ショット。左はマミ熊野。2人とも20歳そこそことは思えない貫禄。

は目が悪くいつも目を細めていたが、試合となると容赦なかった。性格的にはインドアタイプで陰がある雰囲気。陽気なマミ熊野とは対照的だが、チームワークは秀逸。後にデビル雅美が加入し、ブラック軍団→デビル軍団→極悪同盟→獄門党と悪のユニットは遍歴を繰り返した。

ナンシー久美

トップには立てなかった未完の大器

ビューティ・ペアの妹分として売り出され、ソロ歌手として『夢見るナンシー』でレコードデビューも果たした。70年代アイドルの山口百恵や桜田淳子みたいな雰囲気を醸し出す美人。同期のビクトリア富士美は今ならばスーパールーキーと称されるであろう天才肌。空手着を着込み、ジャンピング・ニーパットやバック・スピンキックはまさに先駆者にふさわしい逸材だった。

富士美と組んでのゴールデン・ペアではWWWA世界タッグ王者になったが、1年後輩のクイーン・エンジェルスにベルトを奪われて解体。チャンスには恵まれたが、貪欲さがなかったから万年二番手に甘んじていた。

だが、ナンシーは周りの期待はどこ吹く風。エースになり損なった惜しい選手の筆頭なのだ。数年前にブル中野のパーティで再会した際、「（スターダムは）がんばっているねー」と言ってくれた。

ナンシー久美(なんしー・くみ)…1960年生まれ、165㎝。1976年デビュー。同期のビクトリア富士見とのタッグ、ゴールデン・ペアでWWWA世界タッグ王座を獲得するなど活躍した。83年に引退するも、86年にジャパン女子プロレスで、四天王(他は風間ルミ、神取しのぶ、ジャッキー佐藤)の一角として復帰するも翌年引退。

スター候補生の宿命で歌もうたった

ボーイッシュな魅力はダイヤの原石

背中に乗っているのはビクトリア富士美

クイーン・エンジェルス

絶対に忘れられない思い出のタッグチーム

ビューティ・ペア人気の間に全女が次なるスターを輩出するために、白羽の矢を立てたのがトミー青山とルーシー加山のクイーン・エンジェルスだ。なんだかスターダムのクイーンズ・クエストとコズミック・エンジェルズを合わせたようなチーム名だが、時代はぐるぐる巡っているのだ。

トミーとルーシーは全女に入って間もない私に仲間意識を持たせてくれた思い出のタッグチーム。トミーは1歳年下でルーシーは3歳年下だから、盟友と呼んでもいい。デビューした翌年には女子レスラーとして初めてメキシコ遠征に出発。同時期に新日本プロレスの初代タイガーマスク・佐山サトルが修行中であり、よく一緒にサーキットした。

2人は全女の創立10周年大会の日本武道館に凱旋。ゴールデン・ペアを破り、WWWA世界タッグを奪取し、その年から開催されたタッグリーグ戦でも優勝した。リング上はビューティからクイーンにシフトチェンジがされたが、クイーンに風は吹かなかった。メキシコ仕込みのルチャのテクニックや跳び技は、女学生には理解されなかった。あくまでビューティありきなのだ。

トミーは全女のスタッフと交際していた関係で、その彼と仲が良かった私は自然と頼りにされていた。ルーシーはマイペースで生き残るタイプ。2人は前後してリングを去っていったが、若手ス

クイーン・エンジェルス…トミー青山（左、167㎝、58kg）は1958年生まれ。陸上五種競技の選手で、大学を中退して全女に入団。ルーシー加山（右、165㎝、62kg）は60年生まれ。ブラッグ軍団を経て、トミーとクイーン・エンジェルスを結成。トミーはオールパシフィック王座にも就いたが、怪我で80年に引退。ルーシーも翌年引退した。2011年、トミーはがんのために死去。52歳だった。

70年代後半の全女の2トップ

時代を感じるルーシーのファッション

メキシコ遠征中の一枚

タッフに過ぎない私には彼女たちを活かせる実力はまだなかった。

あれから27年が経った2007年。ジャガー横田の30周年大会で、2人はエキシビジョンながら一夜復活を果たした。2人に会いたかった私は会場に行って昔話を楽しんだ。それからトミーは病死してしまった。今、クイーン・エンジェルスが現役であったなら、私は最高の舞台を用意して迎えただろう。女子プロレスの歴史の真ん中ではないが、絶対に忘れられないタッグチームである。

ジャガー横田

圧倒的な闘志を誇る無敵の女王

北斗晶とは別の意味でタレントとしての顔を持ちながら現役生活を謳歌する。私より4歳年下だから還暦を超えてもリングに上がり続けている。ダンプ松本は「ジャガーさんが引退するまでは辞められない」と言っていた。ひとつ年上のダンプは現役最年長の記録がどうしても欲しいらしい。

それにしてもジャガーは元気である。15歳で全女に入門し、何度か引退試合をしているが、45年以上もこの世界に関わっている。私はデビューした頃から見ているが、体は大きくなかったが負けん気が強く着実にチャンピオン・ベルトを次々に奪取してきた。

1981年2月にはデビュー4年足らずで時の王者ジャッキー佐藤を強引な押さえ込みで破り、

➡ウェンディ・リヒターとも対戦（1982年10月5日、大阪府立体育館）

ジャガー横田（じゃがー・よこた）
…1961年生まれ。159㎝、54㎏。1977年デビュー。1981年2月にジャッキー佐藤に勝利し、WWWA世界シングル王座を奪取。世代交代を実現させる。その後、ラ・ギャラクティカと抗争を経て、86年に怪我により引退する。コーチとして後進を育てた後、95年に吉本女子プロレスJd'でコーチ兼選手として復帰。還暦を超えた今でも現役レスラーとして活躍している。

⬆デビル雅美との女帝コンビ

⬆オリジナルのジャガー式スープレックスなど、多彩な技を駆使した。

⬅絶対王者としてWWWA世界シングルを通算11度防衛

WWWA世界王座を獲得。ひとつの時代が終わった瞬間だったが、嬉しい顔を見せるわけでなく、なぜか虚しい表情を浮かべていたのが強く印象に残っている。

ビューティ・ペアがリングを去ると無敵の王者ジャガー横田が誕生し、実力のジャガー、人気のミミ萩原、勢いのデビル雅美というトロイカ体制で荒波を乗り切ってきた。日本の女子プロレス界で最初にジャーマン・スープレックス・ホールドを使ったのはジャガーであり、相手の両腕を交差したクロスアームズ式もジャガーがオリジナルだ。ラ・ギャラクティカとの日本初の女性による敗者髪切りマッチをはじめ、日本武道館大会のメインなど記憶に残る試合も多い。全女で引退するとコーチとなり、その後は吉本女子プロレスJd'で再び活動開始。ヘアヌードにも挑戦している。

ミミ萩原

男性ファンを虜にしたセクシーパンサー

〝セクシーパンサー〟の異名をほしいままにした、元祖タレント出身の女子プロレスラー。

今でこそタレントやグラビアアイドル、舞台女優からの転身組は多いが……、ミミは頻繁にテレビに出演していた本物のアイドル歌手だ。『おしゃれな土曜日』という楽曲や、出演したドラマ『プレイガールQ』を知っているのは60歳以上になるだろう。

ミミ萩原(みみ・はぎわら)…1956年生まれ。166㎝、60㎏。15歳までスイスに住んでいた帰国子女。1972年に芸能界入りし、アイドル歌手として活動。78年に全女に入門し、大きな話題になった。デビュー以来87連敗を記録するなど、当初は勝てなかったが努力を重ねて、81年にオールパシフィック王座を獲得。84年に引退するまで男性ファンの声援を一身に集めた。

↗「デラックス・プロレス」誌で連載を持っていたミミ。取材には筆者も同行し、ハンセンやジャンボ鶴田など様々なレスラーと対談。ハンセンも心なしか嬉しそうだ(上)。
←抜群のプロポーションでグラビアでも大活躍。

デビュー当時のミミは体も細く怪我がちだったから、特に目立つ存在ではなかった。1978年に正式デビューし、初タイトル戴冠になったのが1981年2月のオール・パシフィック（全女の白いベルト）。王者の池下ユミに押さえ込みで勝利したが、疑惑の残る勝ち方だったのは否めない。しかし、ミミはそれを試合で払拭していった。フライング・ニードロップで落下し、ミミ・スペシャル（高角度バックドロップ固め）やビーナス固めで決めてみせる。

「デラックス・プロレス」という専門誌では対談ページを持っていて、スタン・ハンセン、タイガーマスクと対面したが……担当の山本さん（ターザン山本）が非常にアバウトな人だったから、レスラーとアポを取らずに宿泊するホテルに直撃取材。終いには私とミミの2人だけでホテルに行き、写真撮影だけして誌面を飾ったこともあった。

ミミは私より一歳年上だが、仕事ではすっぴんを一切見せないなどプロに徹していた。現在では広島県に住み、ライブ活動をしたり、レストランを経営するなど多才ぶりを発揮している。

デビル雅美

30年間戦い続けた女子プロレス界の鉄人

1978年の新人オーディションに合格し、全女に入門。デビュー間もなく、全女のスタッフと恋愛関係になったが、この時は周りに引き裂かれるかたちで別れている。私はそのスタッフと同期だったから、最後のデートになぜか同行した。

その後、デビルはプロレスに精進し、ブラック軍団に加入。デビル軍団を築くまでになった。タランチェラとパワー&テクニックの名チームを形成。ジャガー横田、ミミ萩原に対抗しての三者歌手デビューでは持ち前の歌唱力で一番の評価を得た。

ライバルのジャガー横田の持つWWWA王座に挑戦した際には、押さえ込みで敗れたことに怒りを爆発させ、「こんな会社辞めてやる！」とリングサイドで絶叫したこともあった。レフェリーを務めた松永俊国さんとは控室で大揉め、ダンプ松本と対立した時も辞意を表明したりと激情家の一面もあった。

全女を卒業してからはジャパン女子プロレスに移籍し、JWP旗揚げメンバーとして活躍。私より5歳年下だから還暦を迎えたことになる。

デビル雅美(でびる・まさみ)…1962年生まれ、168㎝、75kg。1978年デビュー。池下ユミの「ブラック軍団」に加入し、池下が去った後は「デビル軍団」と改称して暴れ回った。25歳定年制で87年に全女を退団後はJWPに移り、08年まで現役を続けた。

ファビュラス・ムーラ

アメリカマットに君臨した年齢不詳の女帝

20世紀におけるアメリカ女子プロレス界の大御所であり、1956年に世界チャンピオンとなり実に28年間もベルトを保持した業界の顔役だった。当時のNWAもWWFもAWAも、主要団体がすべて世界王者として認定するほどの絶対君主。何度も来日したが、のらりくらりの古典的なヒールファイトはまさに魔女の形相。得意技はジャックナイフ。一瞬でくるりと回ると、返されることは皆無の水戸黄門の印籠の如きお家芸だ。

ファビュラス・ムーラ…1923年生まれ。168㎝、63kg。1956年に初代WWF女子王者となると約28年間も同王座を保持。後進を多数育成するなど女子プロレスの発展に貢献し、1995年に女性初のWWE殿堂入りを果たした。2007年に84歳で死去。

私は1979年9月、「日米対抗リーグ戦」に来日した際に外国人の送迎を担当したため、ムーラと対面した。それまで全女の外国人ブッキングルートは、WWWAの本部とされたロサンゼルスのミルドレッド・バークが一任されていたが、新たにムーラが招聘を担当することになった。サウスカロライナ州コロンビアにあったムーラの自宅の周辺は、ムーラ・ドライブという名が付くほどの地元の名士。支配下の選手はみな「ギャラから支払うブッキング料が高い」とボヤいていた。

ムーラは絶対にパスポートを他人に見せなかったが……彼女が帰国する際、空港到着時間がギリギリになったため、私は全員分のパスポートを預かり出国手続きをした。その際、ムーラのパスポートをさっとめくると１９２３年生まれとあった。最後の来日のときは実に56歳、それで現役の世界王者という女子プロレス界の鉄人だったのだ。

モンスター・リッパー

日本から世界に羽ばたいたパワーファイター

〝１２０キロの怪物〟という触れ込みで来日を果たしたのが、モンスター・リッパーだ。

もともとミルドレッド・バークの門下生であり、ジャック・リッパーのリングネームを持っていた。全女事務所に届いた一枚の宣材用写真を見て、松永社長は怪物に仕立てることを発想したのだ。

１９７９年1月に初来日したロンダ・シンには、モンスターという日本用のリングネームが待ち構えていた。カナダのカルガリー出身で少女期から地元のスタンピード・レスリングの常連ファン。

モンスター・リッパー…1961年生まれ。170㎝、110kg。1979年に全女に来日。90年代前半まで定期的に来日し、最強外国人の座に君臨。その後、WWFと契約、WWFの女子王座を獲得するなど活躍。WCWを退団後に引退、40歳で亡くなった。

プロレスラーを目指してバークのもとに辿り着いた。日本第一戦の対戦相手はビューティ・ペア（パートナーはマミ熊野）で、なんと圧勝してセンセーションな物語が始まった。モンスターとなったこの日本での初試合が「事実上のデビュー戦」だったというから驚きだ。

ＷＷＷＡ世界王者のジャッキー佐藤から何度もベルトを奪取して、メキシコでもラ・モンステルの名前でＵＷＡ圏で活動。当時はカネックのガール・フレンドとして一部では知れ渡っていた。日本ではジャガー横田のＷＷＷＡ王座にも挑戦、デビル雅美とチェーンマッチ、ブル中野と金網マッチを敢行。90年代にはＷＷＦでアランドラ・ブレイズの対戦相手に抜擢され、バーサ・フェイを名乗った。

私は初来日から間近で活躍を見てきたが、１９９５年11月にワシントンＤ.Ｃ.でのＷＷＦ「サバイバー・シリーズ」で会ったのが最後だった。一緒に食事をした際、ベロベロに酔っ払い「日本で引退試合をしたい」と泣きながら話してくれた。それから数年後、彼女が亡くなったというニュースが流れてきた。日本で育成され、大物外国人として大化けした好例だ。

ウェンディ・リヒター

WWF女子王座も獲得したカウガール

私が一番初めに売り出そうと心掛けた外国人女子レスラーがウェンディ・リヒターだ。

ウェンディ・リヒター…1960年生まれ。173㎝、64kg。79デビュー。全女ではあまり活躍できなかったが、1984年にWWFで大ブレイク。師匠のファビュラス・ムーラから女子王座を獲得したが、契約で揉め、わずか1年でWWFを離脱した。

80年代、全女はファビュラス・ムーラが招聘窓口になり、毎シリーズ2名の外国人選手が参戦していた。レイラニ・カイ、ジュディ・マーチン、ジョイス・グレーブル、ベルベット・マッキンタイヤー、そして若き日のウェンディの姿もあった。

テンガロンハットにカウ

ボーイブーツというスタン・ハンセン風の出立ち。ハルク・ホーガンの「アックス・ボンバー！」ばりに、ラリアットを打つ際に「カウガール・ラリアット！」と叫ばせた。ウェンディの人懐っこい笑顔にカリスマ性を感じていたが、当時の私の力では大々的に売り出すことはできなかった。

全女は2年ほどウェンディを呼んでいたが、これはただの順番であり特に目論見はない。そうこうしているとホーガン体制になったWWFが、ロックン・レスリングを旗頭にウェンディを売り出しにかかった。第一回目の「レッスル・マニア」でウェンディは人気歌手シンディ・ローパーをマネージャーに従えて颯爽と入場。WWFの新しい路線のニューヒロインになったが、いつの間にかフェードアウトしてしまう。あれから35年経ったが逢いたいレスラーの筆頭であることに間違いない。１９６０年生まれのウェンディもすでに62歳、還暦を越えている。

ラ・ギャラクティカ

メキシコからきたジャガー横田のライバル

全女は70年代から初代世界王者のミルドレッド・バークをブッキング・ルートにメキシコからも選手を来日させていた。イルマ・ゴンザレス、チャベラ・ロメロ、エステラ・モリーナの大御所たちから、パンテラ・スレーニャ、ローラ・ゴンザレスまで主力級は大半が全女マットにやってきた。

なかでもラス・ギャラクティカスを名乗る覆面タッグと私はすっかり打ち解けた。マスク好きの私はギャラクティカ1号（パンテラ・スレーニャ）に依頼して、メキシコでマスクを集めてくるように頼んだりしたものだ。

このギャラクティカ1号はタッグ解消後、ラ・ギャラクティカとなり、全女の歴史に大きく貢献した。それはジャガー横田と日本初の敗者髪切りマッチを行なったからだ。

1983年5月、川崎市体育館で行われた世紀の一戦は、モンスター・リッパーの乱入もあり、ジャガーが敗れ去った。坊主頭にされたジャガーはリマッチでギャラクティカのマスクを剥いでみせた。流血したジャガーの返り血を浴びた血染めのマスクは、私が現在まで管理している。

ギャラクティカことパンテラとメキシコで最後に会ったのが今から15年くらい前。

エステラ・モリーナやレディ・メタルたちと女の園を作り暮していた。

ラ・ギャラクティカ…1952年生まれ。155㎝、60kg。1977年に素顔のパンテラ・スレーニャとして初来日。その後、マスクを被り、「宇宙仮面」ギャラクティカ１号として再来日を果たし、ジャガー横田のライバルとして活躍した。

ロッシー小川が選ぶ　「ビューティ時代」の名勝負

１９７７年11月1日、日本武道館
◆ＷＷＷＡ世界シングル選手権試合

〈王者〉マキ上田 vs 〈挑戦者〉ジャッキー佐藤

日本武道館は、ひと昔前の60年代から70年代に至るまでイベントの最上級会場だった。かのビートルズが来日公演を開催した場所であり、プロレスではジャイアント馬場 vs フリッツ・フォン・エリックがこけら落としで、アントニオ猪木の異種格闘技戦（モハメド・アリ、ウィレム・ルスカ）など特別な試合が行われてきた。

そこにビューティ・ペア人気が頂点に達した全日本女子プロレスが、マキ上田 vs ジャッキー佐藤という禁断のカードで打って出たのだ。その頃、全女でカメラマンのアルバイトを始めたばかりの私はリングサイドに陣取っていた。もの凄いカメラマンの数。リングの四方がカメラマンに囲まれていたから、自分の立ち位置を離れたらもう撮る場所さえなくなった。何より凄かったのがメイ

WWWA世界シングル王座をめぐる禁断のビューティ対決は、60分引き分けの末、判定でジャッキー佐藤が勝利。試合の間、少女たちの悲鳴にも似た歓声がずっと響き渡っていた。

ンカードの一本立て興行だったことだ。
看板の試合が一つあれば、それで成立する。それまでの試合は全て前座であり、露払いのようだ。60分1本勝負で結果は「60分間の時間切れ＝判定」という特殊ルールで、ジャッキー佐藤が新王者になった。この60分間、観客からは止まらぬ歓声が鳴り響いた。いわゆる黄色い歓声というやつで、ワーワー、キャーキャーが60分間木霊した。試合内容はほぼ互角だが、攻めのジャッキーと受けのマキというプロレススタイルがそのまま判定に反映されたのだ。

1978年8月9日、日本武道館
◆WWWA世界タッグ選手権試合
〈王者チーム〉ゴールデン・ペア VS
〈挑戦者チーム〉クイーン・エンジェルス

全女の創立10周年記念大会と銘打った2度目の武道館進出は、ジャッキー佐藤に池下ユミが挑戦するWWWA世界シングル選手権、ゴールデン・ペアにクイーン・エンジェルスが挑むWWWA世界タッグ選手権、そして王者チャベラ・ロメロとマキ上田で争うハワイアンパシフィック選手権

（後のオールパシフィック選手権）の、なんと3つのタイトルマッチのみというカード編成を強行した。ビューティ・ペア旋風が絶好調の折、この強気の興行には全8選手が出場。ジャッキー佐藤とマキ上田がそれぞれシングルのベルトを争うこと以上に団体が期待したのが、メキシコから凱旋したクイーン・エンジェルスの飛躍だった。

この年の3月末に日本の女子レスラーとして初めての海外修行に出発したトミー青山と漆原幸恵（ルーシー加山）は、ロス経由でメキシコ第二の都市グアダラハラに渡った。ロスではオリンピック・オーディトリアムにも登場。オールド・ファンなら聞き覚えがあるかもしれない。このオリンピック・オーディトリアムは西海岸地区の殿堂というべき有名な会場だった。

修行の地がなぜグアダラハラなのかといえば、当時は首都メキシコシティは女子プロレスの試合がコミッションで認められていなかったため。柔道着をまとい日本人をアピールしてきたが……帰国が決まったクイーンは「負ければ即メキシコに戻らせる」と松永兄弟から言われていた。これは何がなんでもベルトを獲れ、という意味。やはりメキシコでの生活は不慣れだったから、「絶対に戻りたくない」という一心で挑んだのだ。

1年先輩のゴールデン・ペア（ナンシー久美&ビクトリア富士美）はポスト・ビューティの一番手だったが、今一つ乗り切れないジレンマがあった。ソンブレロならぬカウボーイハットを被ったクイーンは、メキシコ仕込みの見たこともない変幻自在のテクニックを披露。トミーはコーナーで逆立ちしながら落ちるボディプレスをクイーン・スペシャルと称せば、ルーシーはリバース・スプ

試合は2-1でクイーン・エンジェルスが勝利。WWWA世界タッグ王座を初戴冠した。

ラッシュをエンジェル・スペシャルとして初公開したのだ。

藤波辰巳がこの年に凱旋帰国し、ドラゴン・スープレックスやドラゴン・ロケットを駆使して一躍スターの座に就いたが、クイーンの初めて見るルチャのテクニックがファンに浸透するには時代が早過ぎた。試合はエプロン際で4選手がくんず解れつ状態だったが、クイーンが僅差でリングアウト勝ちをつかみ新王者に君臨した。試合タイムは60分ギリギリ。技が決まったというのではなく、意地と執念でリングに生還したのだ。

メインではジャッキー佐藤が池下ユミを相手に60分時間切れ引き分け。ハワイアン・パシフィック選手権も30分を超える闘いだったから、3試合の合計タイムが2時間30分。今ではあり得ないじっくりとした攻防は、昭和の女子プロレスの象徴とでもいえるものだった。

1979年2月27日、日本武道館
◆WWWA世界シングル選手権試合＝敗者引退マッチ
〈王者〉ジャッキー佐藤 VS〈挑戦者〉マキ上田

全日本女子プロレス3度目の武道館はビューティ・ペア同士のリマッチで、敗者が即引退するという前代未聞のルールで敢行されたが……、実はマキ上田は勝敗にかかわらずリングを去ることは決まっていた。

やはり芸能活動をしていると誘惑があったりする。マキは引退後にタレントに転身する話が決まっていたのだ。そうした状況にあって、全女の松永兄弟は2人に対して押さえ込みで試合を決めることを強要する。一部では「マキが強引に勝って、ジャッキーを追い出す」などという噂がまことしやかに囁かれていたのだが……。

試合は強引な押さえ込みが時折見られるなど、ギクシャクした場面が多かった。40分を超えた辺りで、ジャッキーが力任せのエビ固めでマキを押さえると返す力は残っていなかった。敗れたマキ

引退が決まったマキは『かけめぐる青春』を熱唱

はルールに従ってその場で引退を表明する。マキは引退を決めながらも真摯に勝敗を争ったのだ。

マキは晴れやかな表情で、ジャッキーとともにヒット曲『かけめぐる青春』を歌唱。場内は涙にくれたが、マキの引退によりビューティ・ペアは解散の道を進んだのだ。

その後、ジャッキーは独り立ちして恒例だった浅草の国際劇場におけるコンサートを行ったが、閑古鳥が鳴く不入りを記録した。個人人気は7対3でジャッキーに分があるように思われたが、ビューティ・ペアが解散したことで、その動員力と神通力は消えたのだ。ジャッキーはその後はモンスター・リッパーを相手にベルトを行き来させていたが、ビューティ人気を上回ることは最後までできなかった。

1981年2月25日、横浜文化体育館
◆WWWA世界シングル選手権試合

〈王者〉ジャッキー佐藤 VS 〈挑戦者〉横田利美

決して名勝負ではなかったが、時代と時代の分岐点になった大会だった。

ビューティ・ペアが解散した後は、ジャッキー佐藤が孤軍奮闘していたが、あの爆発的な人気ぶりは過去の産物になっていた。全女は観客動員に苦戦し、前年の夏から一発大逆転を狙って選手を2グループに分断し、売り上げ倍増を狙ったが……実際のところは大量の新人をデビューさせた分、タレント不足で試合内容も万全ではなかった。2グループ制はのちにWWEが「RAW」と「SmackDown」という二大ブランドを作り世界規模に大発展していくわけだが、全女の場合は早すぎたのかもしれない。ただ、そのおかげで全女のプロテストに不合格した松本香（ダンプ松本）や本庄ゆかり（クレーン・ユウ）、新人オーディション外の裏口入門である大森ゆかり、長与千種がプロレスラーになれたのだ。

2グループ制は年間で都合305試合を消化した。ジャッキー佐藤や池下ユミ、マミ熊野、ルーシー加山といったビューティ時代のメンバーも奮闘していたが、徐々にその役割を終わろうとしていた。横浜大会ではまずミミ萩原が池下ユミを破り、オール・パシフィック王座を奪取した。これは明らかにレフェリーだったジミー加山のミスジャッジで、ミミを勝たせたい気持ちが強引にスリーカウントを叩いてしまったのだ。敗れた池下は呆れた表情でリングを後にした。

そしてＷＷＷＡ世界シングル王者として長らくトップに君臨していたジャッキーが、新鋭の横田利美（のちのジャガー横田）の押さえ込みに敗れた。主力タイトルがいずれも、押さえ込みで王座が移動する非常事態。プロレスとは言い難いこの押さえ込みは、70年代から80年代にかけて全女の定番。横田は全女では〝ピストル〟と称されたこの押さえ込みにより頭角を現した新時代の旗手的な存在だった。

敗れたジャッキーは薄笑いを浮かべ、勝った横田はなんとも言えない苦しい顔をしていた。

私はリングサイドで勢力図が塗り替えられていくのを眺めていた。これが時代の移り変わりだとしたら、虚しさだけが残り、決して後味の良い結果ではなかった。最も全女の首脳陣はしてやったりだった。リング上で合法的な世代闘争……ベテラン不要論こそが全女を隆盛に導いた松永兄弟のポリシーでもあったからだ。

1983年5月7日、川崎市体育館

◆ＷＷＷＡ世界シングル選手権試合＆マスカラ・コントラ・カベジェラ

〈王者〉ジャガー横田 VS 〈挑戦者〉ラ・ギャラクティカ

日本初の敗者髪切りマッチ。髪は女の命、それゆえに試合後の儀式は衝撃的だった。

日本初の敗者髪切りマッチは、ベルトに加えて、髪の毛（ジャガー）か覆面（ギャラクティカ）を賭けた対決だった。マスカラ・コントラ・カベジェラは、メキシコでは昔からある最終決戦の試合形式だ。純粋な髪切りマッチは、1985年に大阪府立体育館で行われた長与千種vsダンプ松本が初ということになる。

ギャラクティカは素顔のパンテラ・スレーニャとしても来日経験があり、ジャガーとは新人時代から顔見知りで、どこか似たタイプだった。試合当日、メキシコUWAのカルロス・マイネス会長が激励に駆けつけ、本場の雰囲気を演出した。この試合に、私は「全日本女子プロレス創立15周年記念」というサブタイトルを付けた。しかし、そこはあまりクローズアップされなかった。

試合はセコンドに付いたモンスター・リッパーが再三乱入を繰り広げ、ギャラクティカが得意のダイビング・セントーンを決めて勝利を得た。事実上1対2みたいな闘いになったが、試合の内容よりもその儀式である髪切りが何よりインパクトがあった。

私はリングサイドで試合を撮影したが、この模様を写真に収めたカメラマンはほんの数人。当時の全女はプロレスマスコミに相手にされない暗黒期。控室で髪を短くしたジャガーは絶対王者というべきエースだったため、早々にリマッチが組まれた。今度はジャガーが初公開のジャーマン・スープレックスを炸裂させて、ギャラクティカの覆面を剥ぎ取った。その戦利品のギャラクティカのマスクにはジャガーの血痕が付いているが、私のコレクションの一つとなっている。

第三章
クラッシュ・ギャルズという名の革命

女子プロレスの革命戦士

ビューティ・ペア時代に並ぶブームを呼んだのが、クラッシュ・ギャルズ（長与千種&ライオネス飛鳥）の大躍進だ。

昭和における最後のプロレス・ヒット作と言ってもいいだろう。クラッシュはビューティのようにデビュー直後に突然変異的に生まれたタッグチームではなく、デビューしてから丸3年でチームを結成した同期同士。それまではジャガー横田に飛鳥が師事し、デビル雅美に千種が面倒を見てもらった歴史がある。もともとはジャガーとデビルのライバルから発生したコンビなのだ。

クラッシュの野望は、女子プロレスを通常のプロレスファンに認めてもらうことから始まった。そのため長州力や前田日明のＵＷＦに多大な影響を受けており、最先端のプロレスに特化していった。それは千種の構築するプロレスの完成形であり、飛鳥は闘うマシンのようにその理想に完璧に寄り添った。

〝女革命戦士〟という異名は、従来の女子プロレスの概念を壊すところから付いたものだ。空手キックやサブミッション、スープレックスという格闘3種の極意を全面に押し出し、華麗な技で魅せる女子プロレスから、強さを限りなく突出させた。だからクラッシュのプロレスには論理があった。

ビューティのブラック・ペアのように、クラッシュにも極悪同盟という最高のライバルが存在した。同期のダンプ松本&マスクド・ユウ（後のクレーン・ユウ）とクラッシュの闘いは激化し、過激の一途を辿っていく。連日、血で血を洗う抗争劇はこの時代の定番対決だった。千種とダンプは闘うたびにどちらかが必ず流血した。その究極の形が、髪切りマッチへとつながったのだ。

クラッシュはやはり歌手としてもデビューし、頻繁に歌番組に出演した。当時、恒例だったレコード会社対抗運動会では、ビクター音楽産業の看板を背負って出場。ビクターが二連覇を達成したのは、クラッシュの活躍があったからだ。

プロレス中継がゴールデン・タイムに乗り、勧善懲悪のプロレスが女学生のファンに突き刺さる。人気の出方はビューティと同じような感じだが、クラッシュ人気は5年間と長期にわたった。それは千種と飛鳥のロングランな物語で、時には名パートナー、時には好敵手と時代ごとに立ち位置が変わっていく。全女はこのクラッシュ時代に自社ビルを建て替え、埼玉県秩父市の山中にログハウスまで作っている。

時代はバブル景気で盛り上がったが、クラッシュ人気はゆるやかに下降した。ポスト・クラッシュとしてファイヤージェッツ（堀田祐美子&西脇充子）、海狼組（マリンウルフ＝北斗晶&みなみ鈴香）が台頭してきたが、クラッシュの壁はとてつもなく厚く高かった。年号が昭和から平成へと移行すると、クラッシュは全女での役目を終え、相次いでリングを去っていった。

クラッシュ・ギャルズ

女子プロレス新時代の象徴

ビューティ・ペアで大きな山を当てた全女は、試行錯誤しながら2つ目の金鉱を掘り起こした。それが長与千種とライオネス飛鳥のクラッシュ・ギャルズである。ともに1980年入門の昭和55年組。飛鳥が新人オーディションの頃から抜群の運動能力を誇ったエリートだったのに比べ、千種は裏口入門した大部屋女優のような存在だった。

昭和55年は全女の経営陣だった松永兄弟が興行苦戦の打開策として、選手を2つに分け同時に興行を打つことを思いついた年だ。それには現状、選手数が足りない。そこで新人オーディションに落ちた練習生たちを次々にプロに昇格させていた。飛鳥はA班の有望な新人で、千種はB班のその他大勢の一角。何から何まで両極端だった飛鳥と千種だが、2リーグ制は1年しか持たなかった。「売り上げ2倍が赤字2倍」になってしまったからだ。

そして入門4年目に入ると千種も飛鳥も大きな壁にぶち当たっていた。立ちはだかるジャガー横田、デビル雅美、ミミ萩原の三大エース。千種は男子プロレスの影響を受けており、長州力と前田日明の闘いに感じるものがあった。その頃、長州vs藤波の名勝負数え歌が一世を風靡していたが、気迫剥き出しの張り合いは強烈なインパクトだった。

長与千種(ながよ・ちぐさ、左)…1964年生まれ。167㎝、71kg。1980年にオーディション外で全女に入門。84年8月にライオネス飛鳥と「クラッシュ・ギャルズ」を結成し、大ブレイク。女子中高生を中心にカリスマ的な人気を博した。89年に引退するも後に復帰。95年には新団体GAEA JAPANを創設。00年にライオネス飛鳥と「クラッシュ2000」を結成し、ファンを喜ばせた。現在は女子プロレス団体「マーベラス」の代表。

ライオネス飛鳥(らいおねす・あすか、右)…1963年生まれ。170㎝、75kg。1980年に入門、若手の頃から数々のタイトルを獲得。「クラッシュ・ギャルズ」でも強さを発揮した。89年に引退。タレントやカーレーサーを経て、94年の全女・東京ドーム大会で復帰。その後、ヒールに転向し、Jd'やアルシオン、GAEA JAPANなど様々な団体で活躍した。05年に引退。

顔を平手で打ち合うファイトは当時の女子では皆無。この死角をついた感情が入った闘いで、活路を見い出そうとしたのだ。これは若手同士の熱のある試合として評価されたが、ブレイクするまでには行かなかった。

1983年7月、全女は伊豆の稲取で若手選手の合宿を敢行した。この時にコーチとして招かれたのが、「デイリースポーツ」に記事を寄稿していた極真空手の第一回全日本選手権王者の山崎照朝さんだった。山崎さんはNET（テレビ朝日）が中継していたワールド・キックボクシングのスター選手でもあった。「空手を商売にしない」という主義を誇った山崎さんはショッパーなる広告中心の新聞社の支社長を務めるかたわら、ボクシングやキックなど格闘技の記事を書いていた。筋金入りの格闘家である山崎さんはけっしてブレない人だが、プロレスの性質を理解しており、リングで使える技を千種と飛鳥に授けてくれたのだ。

極真王者のバックアップを受けた2人は、崖っぷちから生還を果たすために、誰よりも練習をした。その姿を間近で見ていた私は、この2人とともに夢を見たくなった。千種が自らクラッシュ・ガールを名乗っていたから、私は2人のチーム名をクラッシュ・ギャルズと命名。当時の植田コミッショナーはなぜかこの名前が気に食わなかったようで、自身が編集していたパンフレットには絶対にクラッシュ・ギャルズの名前を載せなかった。

8月27日、初めてタッグチームとして登場した後楽園ホールで異変が起きた。試合の際にいきなり紙テープが舞ったのである。それまで鳴かず飛ばずだった2人には天変地異のような出来事だっ

クラッシュ写真館。2人はカメラの前で様々な表情を見せた。

た。試合には敗れたものの、色違いながら揃いのガウン、コスチューム、合体の正拳突きや回し蹴りは新鮮そのものだった。私は飛鳥に「千種と同じ髪型に合わせてほしい」と頼み、タッグチームを意識させて売り出した。しかし、クラッシュのコンセプトは男子ばりの試合をするという、千種と私が考えるプロレスだったから飛鳥は抵抗感を抱くようになる。これは女子レスラーにありがちなポイントで、飛鳥は女子プロレスに憧れていたが、千種はプロレスそのものに近づけたかったからズレが出るのは仕方ないことだった。

そんなクラッシュだが、大きくブレイクするまでには1年間のタメの時間があった。

クラッシュ人気が静かに出始めた頃、フジテレビがゴールデン・タイムでレギュラー放送を開始。ビクターレコードから歌を発表するタイミングと重なった。女子レスラーを売り出すのに歌手デビューさせるのは、その時代の常套手段だった。TVが最大最高のメディアだから、歌番組に出演することが売り出す大きなチャンスに繋がる。歌番組やアイドル誌も多かったから、プロモーションもやり甲斐があった。『炎の聖書《バイブル》』でデビューすると瞬く間に人気が急上昇した。私はクラッシュの担当マネージャーとなり、芸能活動の現場にも同行したしスケジュールも立てていた。

その頃、千昌夫や五月みどりが属していた第一プロダクションに業務委託していたから、その関係でドラマや歌番組の仕事が舞い込んだのだ。大手芸能プロだけにTV担当、ラジオ担当、紙媒体担当、イベント担当が幅広く売り出してくれた。それでもTV局から事務所に戻ると私宛の電話が次々にかかってきた。携帯電話もパソコンもない時代だから、事務所に電話をかけるくらいしかコンタクトする方法がない。

一番キツかったのはドラマ撮影の時だった。朝5時に集合して6時に横浜にある緑山スタジオに入り、7時から撮影本番があり12時にはアップ。そしてプロレス興行のある関東各県まで運転していくのだ。会場に着けばプロレスマスコミの取材を受けるし、大会後に仕事もある。ドラマが連日続けてあれば睡眠不足で最悪の状態だった。それでもクラッシュを売るために時間を惜しんで仕事をしたから、2人との絆もできたし、忙しさは問題ではなかった。クラッシュ・ギャルズのことだけでも一冊書けるくらい濃密な時間を過ごせたのは、私の財産である。

極悪同盟

女子プロレス史上最強のヒールユニット

クラッシュ・ギャルズ最大のライバルと言えば極悪同盟しかいないだろう。

ダンプ松本、マスクド・ユウ（クレーン・ユウ）の同期が絶妙な敵役となって、共に巨大化していった。クラッシュを本格的に売り出す際、たしか合宿中の雑談からだった。

「クラッシュを本気で売り出したかったらお前が極悪のマネージャーをやれ！」

こんな冗談みたいな話が松永兄弟から飛び出した。

要するに私が覆面を被り極悪同盟のセコンドに付き、反則を重ねて観客の怒りを買えという話だ。

「その代わり一回5000円の手当を付けるから」

そんな甘い誘惑もあった。何しろ若手社員だから給料も決して高くはない。この5000円は今なら倍に相当するだろう。プロレス好きでこの世界に入ったのだから、リングに触れてみたい好奇心は確かにあった。私は即答し、初代タイガーマスクのマスク製作で有名だったオジサン企画にマスクをお願いした。黒いワイシャツに黒いパンツ、白いジャケットを着込んだ謎の覆面マネージャー「ザ・ベートーベン」の誕生である。これらのビジュアルはすべて私自身で考えた。

いよいよ本番当日、私にとってプロレスは見るものであり、関わるのは初めてだ。以前、リングサイドで撮影している際に池下ユミに捕まり客席に放り投げられたことがあったが、この時は「これで仲間入りだ」と一人で感慨に耽ったものだ。ダンプ松本からは「凶器と言ったらセコンドから渡して欲しい」とだけ言われていた。あとはアドリブである。

最初の試合は極悪同盟とデビル雅美&山崎五紀。この時、デビルに足4の字固めを掛けられたが……その際、プロレスの極意を体感した。デビルは試合巧者だったから、上手く私をコントロールしてくれた。クラッシュ・ギャルズと対戦する時は場外で千種を高々とボディスラムで持ち上げて、本部席の机に叩きつけたりもした。もう阿吽の呼吸である。ただ千種も飛鳥も覆面の正体が私だと知っているから、ここぞとばかりローキックを叩き込んできた。

私はプロレスラーになった気分だったが長続きはしなかった。1984年6月、川崎市体育館。

左からダンプ松本、阿部四郎、ザ・ベートーベン、クレーンユウ

➡同期4人によるダンプ引退特別試合。舞台裏では笑顔もあった。

極悪同盟(ごくあくどうめい)…1980年にデビューしたダンプ松本(1960年生まれ、164㎝、100㎏)を中心に結成されたヒールユニット。クラッシュのライバルとして若い女性ファンから憎まれたが、その一方でダンプはその稀有なキャラクターで現役中からTVの人気者に。1988年に引退後は、タレントとして活動。2003年からは復帰し、現役レスラーとして闘い続けている。

後にブル中野(右)も加盟

極悪同盟vsジャンボ堀&大森ゆかり。試合序盤、松永俊国レフェリーにいきなり投げられ、右の鎖骨にヒビが入ったのだ。この時はダンプに「もうできないから控室に連れ帰ってほしい」と試合中に合図した。

この試合で覆面マネージャーは終わりを告げた。その後も何度かやってはみたが、クラッシュと極悪同盟の闘いには不用となっていたから、自らフェードアウトしたまでだ。ダンプは芸能活動が好きで楽しんで仕事をしていたし、スタッフからも演者からも評判は良かった。

ＪＢエンジェルス

ＷＷＦ世界タッグ王者になった名コンビ

クラッシュ・ギャルズの一年後輩で、後にＷＷＦ世界女子タッグ王者となったのが、山崎五紀&立野記代のＪＢ（ジャンピング・ボム）エンジェルスだ。

１９８６年６月に、当時のＷＷＦ副社長だったジェームス・トロイが来日し、全女を視察した際に目を付けたのが五紀と記代のＪＢだった。２人は同年10月に渡米したが、その間にＷＷＦとの連絡を取っていたのが後にＷ★ＩＮＧの代表となった茨城清志《いばらききよし》さんだ。

ハルク・ホーガン全盛期にあって女子のタッグ王者はレイ・ラニ・カイ&ジュディ・マーチン。

JBエンジェルス…昭和56年組の立野記代（右）と山崎五紀（左）のタッグ。WWWA世界タッグを獲得するなど実績を積み、WWFに参戦。1988年1月にWWF世界女子タッグ王座を奪取。後に立野はLLPWで復帰。2010年まで現役を続けた。

その相手役として抜てきされたが、ＪＢが主役の座を奪い取った。全米各地を毎回のように同じカードでサーキット。これは、日本のように試合結果がその都度媒体で報じられることのないアメリカマット界では定番。だから必然的に試合のクオリティーは上がっていく。

ＪＢの躍動感ある動きは、典型的な80年代ムーブ。ロックンロール・エクスプレス、ザ・ファンタスティックス、ハイフライヤーズの女子版として受け入れられていた。

帰国したＪＢを私はパンフレットの表紙にしたが、それを見た松永会長は「こんなの表紙にしやがって！」と出来立てのパンフレットを床に叩きつけた。松永会長にとってＪＢは凱旋帰国ではなく、古参の出戻り。クラッシュ・ギャルズ人気が下降し、次世代のファイヤージェッツ（堀田祐美子&西脇充子）を売り出したかったから、私のＪＢ起用に怒りを爆発させたのだろう。

あの時は悔しいというより、そのプロレス的な感覚のなさに残念な思いがした。私は全女をよりプロレスファンが喜ぶ方向に転換しようとして、一人で苦闘していたのだ。

メドゥーサ

WWEの殿堂入りを果たした外国人エース候補

誰よりも自分を評価し、そのオーラのあるスター性で業界トップにまで登りつめたのがメドゥーサだ。1980年代の後半にAWA圏でデビュー、大胆でセクシーなコスチュームをトレードマークに世界王者に君臨。1989年1月に全女に初来日し、長与千種との死闘で一躍トップ外国人女子レスラーに踊り出た。けして器用ではなく、荒削りだが何事も真剣で一生懸命。一シリーズに参戦すると、日本定住を決意して全女と年間契約を結ぶ運びに。マーキー・インターナショナルなるマネージメント会社が交渉窓口となり、メドゥーサは年間9万ドル（日本円で1450万円）で契約書にサインをした。

全女はアパートを用意し、私が売り出しのために担当になった。常に貪欲な出世欲があり、誰よりもハングリーで旺盛な努力家。私はあの村西とおる氏のパワースポーツと接触。本人を連れていくと、「何だか食べられちゃいそう（笑）」と言いながら、すんなり100万円を現金で払ってくれイメージビデオの撮影販売を認めてくれた。我らメドゥーサ・プロジェクトはイメージビデオ、写真集、ＣＤ発売と可能な限りのプロモーションを実施したのだ。

全女には2年間在籍したが、なかなか人気を上げるのは難しかった。女子では外国人エースは感情移入できないという盲点があった。

帰国後はＷＣＷを経てＷＷＦに転じ世界王者になると、メドゥーサの指名でブル中野が対戦相手に選ばれた。そして王者のままＷＣＷに戻ると、生放送中、ゴミ箱にチャンピオンベルトを捨てる暴挙に出た。「マーキーと契約していた余波は税金の滞納だった。だから私はＷＣＷに戻りようやく借金がなくなったのよ」と後年スターダムに招聘した時はそんなことを言っていた。

メドゥーサ…1964年生まれ、177㎝、68㎏。本名はデブラ・ミセリー。1984年にAWAでデビュー。帰国後の91年からWCWに参戦。93年にはWWFに移籍し、アランドラ・ブライズのリングネームでWWF世界女子王座も獲得した。2001年引退。

２０１５年にＷＷＥの殿堂入りを果たすと、スピーチで私の名前を出して感謝の気持ちを伝えてくれた。だから私はメドゥーサを日本に呼んで、スターダムのコミッショナーに就任してもらったのだ。今、ウナギ・サヤカを見ると若き日のメドゥーサがオーバーラップしてならない。

ロッシー小川が選ぶ「クラッシュ時代」の名勝負

1983年8月27日、後楽園ホール
◆WWWA世界タッグ選手権試合
〈王者チーム〉ジャンボ堀&大森ゆかり vs
〈挑戦者〉ライオネス飛鳥&長与千種

一夜にしてスター候補生が誕生した瞬間だった。

デビューして丸3年が経っていたライオネス飛鳥&長与千種がタッグチームを組んで、時のタッグ王者だったジャンボ堀&大森ゆかりに初挑戦。飛鳥は実力派の若手だったが、その機械的な動きで停滞気味。千種に至っては体調不良が続き、戦力外通告を受けていた。2人は鳴かず飛ばずの中堅どころに甘んじていたわけだが、伊豆合宿で極真空手の猛者・山崎照朝さんに出会い、タッグチームとして学びを得て、クラッシュ・ギャルズとして始動したのだ。

揃いのチャイナ風のガウンを着て入場すると、紙テープの嵐が巻き起こった。伊豆合宿から行動をともにしていた私はこの光景を見て、ビューティ・ペアの再来を予感した。

ビューティとの違いは本人たち発信で行動していた点だ。飛鳥は千種の得意な空手を習い、同化することでタッグチームの色を濃くしていく。ダブルの正拳突きやサソリ固めは象徴的なシーン。ベルト奪取こそ成らなかったが、新スターとして観客に認知されたのである。

その後、再び挑戦した時は60分時間切れ引き分け、1年後には3度目の挑戦でついにベルトを掌中に納めた。クラッシュは1年間、徐々に実績を積み上げていき開花したのである。

人気というレールに乗ると周りの扱いが変わってきた。クラッシュはスター街道をまい進したが、それ以前の3年間の挫折があったから成功したんだと思う。そのクラッシュも2023年で結成40周年を迎える。クラッシュとともに過ごした日々が、まるで昨日のように感じる。

1985年4月6日、後楽園ホール
◆ジャパン・グランプリ'85公式リーグ戦

ライオネス飛鳥 vs 長与千種

全女37年の歴史の中で春の本場所というべきシングルの祭典「ジャパン・グランプリ」が始まったのが1985年だった。

注目の対決は30分時間切れに終わった

１９７５年～１９７７年にかけて「ワールドリーグ戦」が３年連続で開催されたが、ビューティ・ペア時代は主役の２人があくまで中心だったから、その間はシングルの覇者を争うことは必要なかった。
「ワールドリーグ戦」の時は多くの外国人を招聘したが、日本人だけの大会となったため、「ジャパン～」と名付けた。このリーグ戦から私は本格的にマッチメイクに参入した。この時に手がけたのは通常は戦わないタッグパートナー対決。ジャンボ堀vs大森ゆかり、山崎五紀vs立野記代、ダンプ松本vsクレーン・ユウ、そして最大の目玉となったのが、クラッシュ・ギャルズのライオネス飛鳥vs長与千種である。
若手時代は頻繁にシングルマッチを行っていた両者だが、クラッシュとして注目を集めてから戦うのは初めてだった。飛鳥と千種は女子版ＵＷＦを強く意識し、キック、サブミッションで牽制し合う。場内興奮冷め止まぬまま、30分は瞬く間に過ぎたのだ。
この「ジャパン～」を通じて私はプロレスのカード作りを学んだ。クラッシュ対決は毎年シングルの祭典のたびに行われた。その後はＷＷＷＡ世界シングルを賭けて一騎打ちを何度か重ねている。

1985年2月25日、大田区体育館
◆WWWA世界タッグ選手権試合
〈王者チーム〉クラッシュ・ギャルズ VS
〈挑戦者チーム〉極悪同盟（ダンプ松本&クレーン・ユウ）

人気絶頂のクラッシュ・ギャルズが初めて空手着のコスチュームを着用したのが、極悪同盟とのタイトルマッチだ。クラッシュと極悪は、組まれる度に抗争を繰り返す定番カードで、長与千種とダンプ松本が交互に流血していた印象が強い。

この試合で私はマスクを被り、謎の覆面マネージャー「ザ・ベートーベン」として極悪同盟のセコンドに帯同。通常はクラッシュのマスコミ窓口としてTV出演や取材を仕切っていたが、試合会場では極悪同盟に加担するという言葉で説明できない役割を担った。要するにクラッシュ人気を盛り上げるために、リングでは敵対し、悪を際立たせることに一役買っていたのだ。

千種は血だるまとなり、レフェリーのジミー加山がトップロープ越しに極悪によって葬られると、リングサイドにいた私が暴行を加える。その隙にサブレフェリーの阿部四郎がリングに上がり高速カウントで極悪の手を上げる。そんな内容で王座を強奪してベルトが移動したのだ。

この試合の映像を見てもらえればわかるが、まだ27歳の私は動きも俊敏だ。バックステージでベルトを巻いた極悪との写真（93ページ）は、懐かしい一枚だ。

1985年8月22日、日本武道館
◆オール・パシフィック選手権試合
〈王者〉デビル雅美 vs〈挑戦者〉長与千種

全女がビューティ・ペア時代以来、6年ぶりに格闘技の殿堂であった日本武道館に進出した。クラッシュ人気の効果である。この1985年がクラッシュ人気が頂点に達していた時期だ。今考えると熱狂的なブームとなったクラッシュ時代だが、ビッグマッチといえば、日本武道館、両国国技館、横浜アリーナを一度ずつ開催しただけ。現在ほど大会場は存在しなかったし、日本武道館が最大の会場だったからだろう。

このビッグイベントでは2つのタイトルマッチが組まれた。WWWA世界シングル（ジャガー横田vsライオネス飛鳥）とオール・パシフィック（デビル雅美vs長与千種）である。クラッシュによるシングル挑戦であり、ともに師弟関係にあった先輩に挑む。これは裏を返せば飛鳥と千種の価値観を査定し合うような闘いだった。そのことを千種と飛鳥は互いに意識していたのだろう。特に千種は飛鳥に負けないベストマッチを創造したのである。キック、スープレックス、サブミッションと格闘三大要素を全面に出す千種、デビルはそれをすべて受け切ってみせた。バチバチした激しい試合は両者KOという結末。千種は内心、してやったりと感じていた。

飛鳥はジャガーに大善戦したが、ジャガーの新技ジャガー式バックドロップ・ホールドで玉砕した。どちらもいい試合だったが、その年の全日本女子プロレス大賞授賞式ではデビルvs千種がベストバウト賞に輝いた。この試合から1週間後、千種は大阪城ホールでダンプ松本との敗者髪切りマッチで丸坊主になった。怒涛の時間を経験し、千種のプロレスは深くなっていったのである。

1987年10月20日、大田区体育館
◆WWWA世界シングル&オール・パシフィック二冠戦

大森ゆかり vs 長与千種

赤いベルトのWWWA世界王者の大森ゆかりと、白いベルトのオール・パシフィック王者の長与千種が史上初の二冠戦に挑んだ。

この日、ジャパン女子を辞めてフリーとなっていた神取しのぶ（忍）が、試合後にリングに上がって参戦をアピールする話が決まっていた。全女と絡まなければ世の中に認められないと察していた神取は、早くから私とコンタクトを取っていた。ある時、私は神取を松永兄弟に会わせる段取りを付けた。目黒駅付近にあった中華料理店で食事をしながら神取の意向などを確認。「大田区体育館での試合後に殴り込みをかける」という私のアイデアを松永兄弟も黙認してくれた。

全女とジャパン女子の2団体時代だったものの、勢力分布図的には8対2くらいの差があっただろう。クラッシュ人気で安定していた全女に比べ、ジャパン女子は新興勢力に過ぎない。だから松永兄弟としては神取の知名度を確かめたかった。

試合は千種が秘技ムーンサルト・プレスを爆発させ、大森を打ち砕いた。その後、神取はリングサイドに姿を現し、対戦を求めて叫んだが、観客はその存在を知らなかったのかまったく会場が沸かなかった。それが全女の会場での現実だった。

あまりの反応のなさに、その後、松永兄弟から神取の名前が出ることはなかった。この時点ではやる必要はなし、それが結論だったが……それから5年後、ＬＬＰＷの神取となってから全女の川崎大会に現れ、オールスター戦のきっかけを作ったのだ。このときの、神取と闘えなかった千種の無念が全女から心が離れていくきっかけになった。それが引退に繋がったのだ。

1989年1月5日、後楽園ホール
◆IWA世界選手権試合
〈王者〉メドゥーサ VS 〈挑戦者〉長与千種

IWA世界王座は、長与千種が1988年秋に単身で海外遠征に出向いた際に、カナダのカルガリーでモンスター・リッパーを破って獲得したタイトルだ。

当時、白いベルトのオール・パシフィック王者だった千種は、アメリカ、メキシコ、カナダの3か国でいろいろなベルトに挑んだ。このサーキットのスケジュールを組んだのが、全女の渉外担当だった茨城清志さん。後にW★ING代表としてデスマッチの世界を日本に取り入れた人だ。

茨城さんのコネクションを最大限に活用して、まずテキサスのWCCWでキャンディ・デバインから女子王座を奪取。テネシーではAWAブラスナックル王座とIWA世界を加えた三冠王者となり凱旋したのだ。茨城さんの作ったプロレス・マジックと言ってもいいいもいいだろう。

この遠征ではラスベガスでAWA世界女子王者だったメドゥーサとも対戦した。茨城さんは早速、メドゥーサを日本に招聘した。メドゥーサはWWEがディーバ路線を築くずっと以前からセクシーなコスチュームで人気を得ていた。〝まだ見ぬ強豪〟という古いフレーズが通用した時代。陸

1989年1月4日に行われた再戦では、長与はストリート・ファイトスタイルで勝利

上競技場の五輪メダリスト、フローレンス・ジョイナーばりのハイレグに視線が釘付けになった。

１９８９年１月の開幕戦で、メドゥーサはいきなり千種を破りＩＷＡ王座を奪取。センセーショナルな日本デビューを飾った。メドゥーサはピンク、ブルー、ゼブラカラーと何種類もコスチュームを使い分けた。大柄でアメリカを象徴するような美人。とにかく千種からベルトを奪ったという既成事実がその存在を際立たせた。

ベルトを失った翌日、早くもリマッチが組まれた。千種はＴシャツにジーパン、そして拳にはバンテージを巻いたストリート・ファイトスタイルで登場した。日本にはまだストリート・ファイトというスタイルはなかったが、千種はプロレス専門誌で海外の試合の写真を見て取り入れたのである。こういったセンスにおいては千種の独壇場だった。

第四章 熱狂と狂乱の団体対抗戦時代

禁断の果実、団体対抗戦

クラッシュ・ギャルズが去して全女は迷走期に入った。そして、そのことがブル中野vsアジャコングによる金網デスマッチの乱発や髪切りマッチへの発展につながっていく。振り返ってみると誰もが必死の時代。後年、これらの試合は評価されていくが、もがいた末に生まれた死闘でもあった。

クラッシュ時代と違った点は、ヒールのブル中野が至宝のWWWA世界シングル王座についたことだろう。リング上は刺激的な荒っぽい闘いが重要視されるようになった。豊田真奈美や井上京子が「ジャパン・グランプリ」というシングルの祭典に優勝し、飛躍の足掛かりとし、次代のエース候補に浮上してきた。

そんな矢先、平成に入ると史上空前の団体対抗戦が勃発、女子プロレスブームを巻き起こす。

今でこそ団体同士が交流することは日常的だが、当時は禁断の果実であり、これ以上の刺激はなかった。1992年7月15日の全女・大田区体育館にFMW勢が乱入し、きっかけを作る。全女がそれを拡大化し、オールスター戦の開催まで発展。全女は創立25周年を数え、団体対抗戦は女子プロレス復興における起死回生の企画だったのだ。

当時は全女が女子プロレスの中で約60パーセントのシェアを誇り、ＪＷＰ、ＬＬＰＷ、ＦＭＷ女子が続いた。圧倒的なパワーが全女にあったから、団体対抗戦をやることに異議は存在しない。

ここでスーパースターに躍り出たのが、〝デンジャラス・クイーン〟北斗晶だった。

北斗は最強女子を看板にしていた元柔道日本三連覇の神取忍を横浜アリーナのオールスター戦でノックアウトし、一夜で人生が変わったのである。北斗の言動はカリスマ性を増して、時の人に君臨。圧倒的で絶対的なヒロインとして時代の寵児となった。

北斗を中心とした団体対抗戦は、１９９３年４月２日の横浜アリーナを皮切りに日本武道館、両国国技館、大阪城ホール、果ては１９９４年11月20日に東京ドームに進出するまでに人気が沸騰した。この東京ドームが団体対抗戦のピークで、その後はマンネリ化したのは否めない。

団体対抗戦によって大きく台頭したのは、ＪＷＰだった。ダイナマイト関西や尾崎魔弓は全女の選手と対等以上の接戦を繰り広げ、団体を大きくさせた。

全女の内部においては豊田真奈美、山田敏代、井上京子がエースの座を狙い、井上貴子や長谷川咲恵も羽ばたいた。ジュニアオールスター戦、ディスカバー・ニューヒロイントーナメントといった団体を巻き込むイベントも開催したが……、株式投資や事業の多角化の失敗などの影響もあり全女の財政は常に危機一髪の状態。そして１９９８年になると給料の遅延により、全女から選手が続々と退団。絶対権力を誇った王国は崩れたのだった。激動の90年代、団体対抗戦というメガヒットを記録したが……ついに女子プロレス界は未曾有の他団体時代を迎えたのだ。

北斗晶

団体対抗戦時代の絶対的ヒロイン

今や鬼嫁として主婦タレントの第一人者となった北斗晶。その現役生活は、〝デンジャラス・クイーン〟という代名詞がつけられた、まさに時代の寵児だった。1993年から1995年にかけて女子プロレスはイコール、北斗晶であったと言っても過言ではない。

ボーイッシュで運動神経抜群の宇野久子は、1985年にデビューした全女の次世代のトップランナー。堀田祐美子とWWWA世界タッグを獲得したが、初防衛の試合中に小倉由美の雪崩式ツームストン・ドライバーを喰らい、首の骨を折ってしまったのだ。試合地の大阪にある富永脳神経外科に入院し、髪の毛を剃って器具を装着し、折れた首を固定。そんな生活が数か月続き、「自殺したい……」という衝動がよぎったという。そんな状況を察したブル中野が付き添いを買って出た。

復帰後、同期の鈴木美香とコンビを組み、海狼組（マリン・ウルフ）として北斗晶に改名。リングネームは一般公募したが、これという名前がなくて私が名付けることになった。ノーザンライト・スープレックスを得意技にしていたから、ノーザン（北斗）を苗字に。前田日明に似ているとかでアキラ（晶）を名前にした。海狼組は大型タッグチームだったが、人気は出なかった。ちなみに、鈴木美香はみなみ鈴香と名付けた。「北」斗と真逆の性格なので「みなみ（南）」とし、名前は

北斗晶(ほくと・あきら)…1967年生まれ。168㎝、70㎏。85年デビュー。88年に海狼組を結成し、本名の宇野久子から北斗晶に改める。92年に猛武闘賊を結成し、ヒールに転向。93年4月2日の全女・横浜アリーナでLLPWの神取忍と対決。女子プロレス史に残る壮絶な試合の末に勝利を収め、時代の寵児となる。95年にフリーとなり、WCW、GAEA等を転戦。02年に引退。WWWA世界女子王座には最後まで届かなかった。

メキシコではレイナ・フブキ(右)としても活動(中央はブリザード・ユキ)

➡みなみ鈴香(左)と組んだ海狼組(マリン・ウルフ)

⬆1994年3月27日の全女・横浜アリーナでは、ライバルの神取忍とタッグを結成した。

鈴木美香を縮めたままでだ。

北斗が大きく変貌したのはメキシコ遠征後で、ラスカチョとして三田英津子と下田美馬という子分ができてからだ。1993年の横浜アリーナ大会でLLPWの神取忍に勝利したことにより、一夜にしてデンジャラス・クイーンに君臨。時のスーパースターに輝いた。

北斗は神取と試合をすると決まって悔し涙を流していた。プロレスが噛み合わず、思い描く試合にならなかったからだ。だが、それがかえってリアルな闘いに輪をかけていた。横浜アリーナの試合後に北斗は神取に対し「柔道かぶれ」という表現を使ったが、本当は「柔道崩れ」と言いたかったのだ。

団体対抗戦のトップランナーとなった北斗には、私が側近としてアイデアを授けていた。その頃、北斗はよく私の自宅に来ていてトランプゲームを徹夜で敢行。朝になるとそのまま全女の事務所に出勤することが何度もあった。仕事も遊びも徹底的にやってしまう同志に近い関係と言えばいいだろう。

北朝鮮で北斗は佐々木健介と出会い、帰国後1週間も経たないうちに婚約を発表した。2人揃って挨拶に来てくれたが、私は北朝鮮に同行していたのにこの関係には気づかなかった。北斗は全女からGAIA JAPANの所属となり現役をまっとうした。2008年に私は風香を連れてメキシコに出向き、ウルティモ・ドラゴン主宰の「ドラゴマニア」に出場させた。記者会見で北斗に再会したが、「ロッシーは北斗晶を半分作った人」と友人に紹介してくれた。最近はもっぱらLIN

Eでのやり取りをしており、メッセージが届くとこまめに返信する。長男健之介の結婚披露宴に招待してもらったが、スターダムの地方巡業のために止むなく欠席した。食事に行くと必ず手土産を持たせてくれる気遣いが、北斗の真骨頂だ。

ブル中野

アフター・クラッシュのトップに君臨した女帝

小学6年生で新人オーディションに合格し、中学時代は時折セコンドについていたが、卒業後に正式入門。本名の中野恵子時代は同期の小倉由美、小松美加、永友香奈子と私はいつも食事をともにしており、食後には必ず「ごっちゃんです！」という言葉がかえってきた。

ダンプ松本に髪の毛を刈られ、半分剃るとブル中野として生まれ変わった。クラッシュ・ギャルズのライバルだった極悪同盟に加入し、若手ながら大抜擢でメインイベンターに成長。どこに行くにもヌンチャクを持参して暇さえあれば回していた。ヌンチャクの練習には相当な時間を費やしたのだ。

17歳でニューヨークのマジソン・スクエア・ガーデンに出場したことがある選手は他にいないだろう。ダンプ松本のパートナーとして様々な経験を積み真のトップに駆け上がっていった。極悪同

ブル中野(ぶる・なかの)…1968年生まれ。170㎝、91㎏。83年、デビュー。85年に極悪同盟に加入し、本名の中野恵子からブル中野に改名。ダンプが去った後は、獄門党を結成し、トップヒールになる。90年にはWWWA世界シングル王座を獲得し、約3年にわたって王座を守った。アジャコングとの抗争を経て、93年に渡米。WWFで日本人初のWWF世界女子王座を戴冠するなど活躍した。97年に怪我で引退。

アジャコングとの抗争に観客はヒートアップ。金網マッチまで発展した。

⬆1992年6月にはローラ・ゴンザレスと初代CMLL女子王座をかけて対決し、勝利した。

⬅ダイビング・ギロチンなどの飛び技も器用にこなした

盟→獄門党とトップヒールの道を歩み、アジャコングとの抗争を経て、全女における絶対的な女帝に君臨した。メキシコでは初代CMLL世界女子、アメリカではWWF世界女子を奪取。WWF遠征の際にはエージェントの佐藤昭雄に対し、「東京ドームでのWWFタイトルマッチ開催」を条件とした。

しかし、WCW遠征中に怪我をしてそのままリタイヤ。プロゴルファーを目指してアメリカに移住するなど、破天荒な生活を続けていたが、帰国後に結婚。引退興行をやるために、再び100キロまで増量するなど決めたことをやり抜く一途さは変わらなかった。

現在はYouTuberとして全国を飛び回り、女子プロレスラーOGとのトークでは聞き役に徹している。私も彼女のチャンネルに出演したが、旦那さんが撮影を担当し、夫婦二人三脚で仕事するのは微笑ましい限りだ。

豊田真奈美

全女の女子プロレスの体現者だった〝飛翔天女〟

90年代を代表する女子プロレスラーであり、〝飛翔天女〟のキャッチフレーズは私が命名したものだ。新人時代から山田敏代と未来のエース候補というポジションが与えられ、その類稀な柔軟性とオリジナルの必殺技は、まさにザ・女子プロレスそのものだった。とにかくどんな体勢から落ちても怪我をしないし、回復力も尋常ではなかった。まだ試合で披露する前からジャパニーズ・オーシャン・スープレックスという技名をパンフレットに書いて、ファンの期待を煽ったこともあった。豊田は松永兄弟が考えるステレオタイプの女子レスラー像にぴったり当てはまっていた。岡田京子や京愛子に通じるスタイルの継承者だったといえるだろう。

しかし、仲間内からは反発を買い、フリーダム・フォース（豊田真奈美、吉田万里子、長谷川咲恵、伊藤薫）を結成したときは全面的に標的にされ、それがかえってユニットの結束を強めることにつながった。フリーダム・フォースのメンバーは、孤高の女王にとって仲間意識をもたらしてくれた友だった。全女を離脱した翌日にGAEA JAPANにターンする破天荒な移籍劇をやってのけたが、30年を超える現役生活を送ったのは意外だった。

井上京子

明るく激しい純プロレスの天才

過激さを売り物にしていた全女にあって、純プロレスを押し通しトップレスラーに躍り出た天才肌の女子プロレスの申し子。京子のプロレスは明るさに満ちていたから、全女の中では異質な存在

⬆左から伊藤薫、長谷川咲恵、豊田真奈美、吉田万里子の「フリーダム・フォース」

豊田真奈美(とよた・まなみ)…1971年生まれ。167㎝、72kg。87年デビュー。92年には同期の山田敏代と組んでWWWA世界タッグ王座を獲得。93年に団体対抗戦が始まると、JWP勢との戦いなどで存在感を発揮。95年3月、アジャ・コングを破り、悲願のWWWA世界シングル王座を獲得した。大量離脱の際も全女に残り屋台骨を支えたが、02年に退団。その後はフリーとして活動し、2017年に引退。

⬆山田敏代と組んでタッグ戦線でも活躍

⬆飛び技に投げ技と多彩な技を誇った

感があった。

　松永兄弟の考える女子プロレスにとって、楽しさを押し出す京子のスタイルは認めたくないもの。それでもファンから強く支持され、会場人気はかなり高かった。その昔、「ノータッチで三角飛びのエルボーができなくなったらプロレスを辞める」と言ったほど、そのコンディションには自信を持ち体重がありながら動きの速さはピカイチ。

　全女が経営難になると、所属選手の大半に声をかけて、新団体設立に動き出した。その結果できたのがネオ・レディースだが、旗揚げ間もなく全女との対抗戦という禁断の実に手を出してしまった。それからネオ・レディースは急速に神通力がなくなり、NEOとして生まれ変わった。

　NEOでは後輩の田村欣子や元気美佐恵の持ち上げ役に徹していたが、10周年での団体解散に対しては反発し、いち早く退団。自身3度目の団体であるディアナを新設した。

　私とはアルシオンとネオ・レディース、スターダムとディオナが同時期に始まり、いつもすれ違いだった。2018年にTVの関係でディアナの道場に顔を出した時、「借金が3000万円ある……」と苦笑していたが、その後はどうなったであろうか。

　いまでも変わらぬビジュアルと安定したプロレスは、やはり第一人者の貫禄がある。「もう目も見えないし、あちこちが痛い」と言うが、井上京子が豊かにプロレス生活を満喫できる世界であって欲しい。

井上京子(いのうえ・きょうこ)…1969年生まれ。167㎝、108㎏。88年、デビュー。ブル中野の獄門党に加入。91年の敗者髪切りタッグマッチでは、ブルのパートナーを務め、アジャ・コング、バイソン木村組を破った。センスに溢れる創造性豊かなレスリングが持ち味で、96年には豊田真奈美を破り、WWWA世界シングル王座を獲得した。97年に全女を退団し、翌年、ネオ・レディースを旗揚げ。現在も現役を続け、ワールド女子プロレス・ディアナの代表を務める。

⬆井上貴子とのW井上でも活躍

⬆得意技は豪快なナイアガラ・ドライバー

下田美馬

名タッグ〝猛武闘賊〟で女子プロレス大賞を奪取

16歳で女子プロレスの世界に飛び込んだ少女は、いつの間にかアラフィフの声を聞く大御所になっていた。

クラッシュ・ギャルズに憧れて全女の門を叩いた。下田がいた花の62年組は会社から大事に育てられたいわばエリート。とは言ってもメインは豊田真奈美と山田敏代の2人で、下田美馬と三田英津子はお嬢さん育ちだが雑草のような扱いを受けていた。この2人を見かねた先輩の北斗晶がラス・カチョーラスト・オリエンタレスを結成。通称ラスカチョとして女子プロレス団体対抗戦時代の先兵として走ったのだった。

プロレスとルチャは似て非なるもので、ルーダ（ルチャにおけるヒール）はやたら殴る蹴るを繰り返し、観客の憎悪を煽ることが必須だ。北斗はメキシコでの生活を謳歌した。この初代ラスカチョが北斗&三田であり、下田美馬を加えた3人がチームとしてはオリジナルだ。

私は下田の写真集やイメージビデオの撮影でバリ島やバンコクに同行したこともあり、割と手の合う関係だった。給料の遅配が続き、全女から選手が大量離脱すると、下田は新団体ネオ・レディースの設立に参画。1年も経たないうちにとん挫すると、三田とともにフリーとなり、アルシオンの

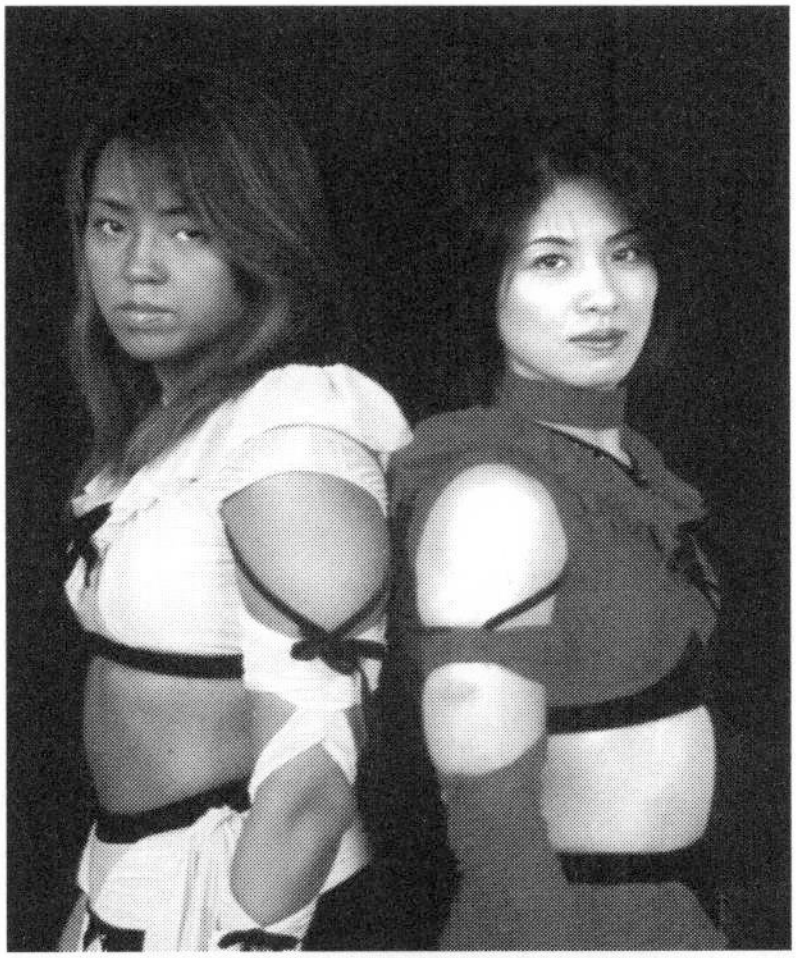

下田美馬（しもだ・みま、写真右）…1970年生まれ。166㎝、62㎏。87年デビュー。当初は同期の豊田真奈美と「スイートハーツ」を組むなど、アイドル的な売り出され方をしたが、92年に北斗晶、三田英津子（写真左）と猛武闘賊（ラス・カチョーラス・オリエンタレス）を結成。ヒールに転向する。北斗の全女退団後も猛武闘賊を２人で続け、女子プロレスを代表する名タッグへと成長。97年の選手大量離脱時は、ネオ・レディースに参加。翌年にネオが活動休止すると、フリーとして数多くの団体に参戦。2000年には、東スポ制定の女子プロレス大賞を三田と２人で受賞した。

⬆巧みな連携攻撃を誇るタッグチームだった

⬆結成当初は花魁風のいで立ちだった

⬆みちのくプロレスなどにも参戦

事務所を訪ねてきてくれて参戦を直訴。各団体を股にかけて暴れた。

フリーの先駆けだったラスカチョは全女、GAEA JAPAN、アルシオンの3つの主要団体でタッグ部門を牽引。その後、アルシオンからAtoZに移行する際には下田の存在は大きかった。私は引退を希望する下田に対し、エージェント・マネージャーという役職を与えた。

まだ日本では馴染みのなかったエージェントだが、WWEではすでに重要なポジションになっていた。団体の意向を選手に伝え、細かく指示をする立場である。だが選手間のトラブルで所属選手が手薄になると、当然のように下田はマットに復帰した。AtoZがJDスターと業務提携すると、若手世代を中心とするため、ベテランの下田は弾かれた。

私は遺憾ながら下田に解雇通告をした。すると「メキシコに行きたいから、ウルティモ・ドラゴンを紹介してほしい」と頼んできた。当時、メキシコのナウカルパンにあった闘龍門の道場に住み込みたいという。この斡旋は私がしてあげられる最後のこと。話がまとまると下田は渡墨し、約10年間も定住し、すっかりメキシコの人になったのだ。その後は新日本の「ファンタスティカ・マニア」に来日するルチャドールたちのお世話係を経て、今では現場スタッフとして活動している。やはりレスラーにはレスラーしか認めない持ち場があり、新日本的には重宝しているようだ。スターダムがブシロード・グループ入りしてからは、何かと縁が出てきた。

長谷川咲恵

道半ばでリングを去った未完の大器

昭和から平成時代にかけて、最もスターの資質に恵まれたのが長谷川咲恵だ。１７０センチ、70キロのプロレスラーとしては理想的なボディと、ひたむきで好感度の高いビジュアルを兼ね備えたエース候補生。長谷川が貪欲で人を押し退けても、という性格の持ち主だったら、女子プロレスの歴史が変わったかもしれない。それほど素質に長けていたが、トップ思考がないので二番手、三番手に甘んじていた。その長い足から繰り出すローリング・ソバットと連発で放つ裏投げが十八番。馳浩ばりの裏投げは大向美智子に伝授され、栗原あゆみ、Sareeeまで受け継がれた。受けのプロレスだったから身体のダメージも大きく、6年足らずで引退の道を選んだ。

１９９５年の暮れに長谷川は選手の総責任者である松永国松さんに引退を示唆。年内引退が内定したが、私はこれを覆した。「あと3か月我慢して。後楽園ホールより横浜アリーナで引退する方がいい」と。そう、１９９６年3月には4年連続の横浜アリーナ大会が決まっていたから、私は長谷川の引退を一つの目玉にしたかったのだ。

翌年1月から始まった引退カウントダウンで長谷川は、他団体に出まくった。ＪＷＰでは同期のライバルである福岡晶、ＧＡＥＡ ＪＡＰＡＮでは御大の長与千種と対戦。すると短期間ながら〝長谷川咲恵人気〟が爆発的になったのだ。ブル中野などは最後のシングルマッチで自らマットに肩を

長谷川咲恵(はせがわ・さきえ)…1970年生まれ。170㎝、70kg。89年デビュー。空手のバックボーンがあり、体格を活かしたスケールの大きなファイトスタイルで、エース候補として期待を集める。92年にはデビー・マレンコと日米新世代タッグを結成。メキシコ遠征も行った。93年に始まった団体対抗戦では、同期に当たるJWPの福岡晶と好勝負を展開。95年には、豊田真奈美らとフリーダム・フォースを結成。全女のトップ層と当たることが増えていったが、ケガのために95年末、引退を表明。翌年3月31日の全女・横浜アリーナで引退した。

⬆ローリングソバットは一級品だった

⬆デビー・マレンコと新世代タッグを結成

⬆ブリザードYuki(中央)としても活躍

付けてフォールを献上した。それは長谷川が愛されていた証だった。晴れて横浜アリーナで引退。しかし、私との付き合いはまだ続いた。

新団体アルシオン設立では、広報担当として私の直々の部下になった。恋しいリングで後輩たちにプロレス指導もしていた。一度アルシオンを辞めたが、2年後に再び団体に戻ると今度は「花屋を同時にやりたい」と意欲を見せた。花屋は手広くやれば利益率の高い仕事だが……長谷川の場合は店を構えていたわけではなく、事務所の部屋でオーダー分の花をアレンジしていた。一件の注文のために、大森市場まで行き花束を作っていたのだから手間ばかりで利益は少なかった。

アルシオンのNKホール初進出が決まると「私がプロレスをやることで集客につながれば」と1日だけ復活。弟子にあたる大向美智子を相手に5年ぶりにリングに上がった。この時に着た白いコスチュームは、私が保管している。

チャパリータASARI センセーショナルだった天空旋風

体は小さいが野心は人一倍、チャパリータASARIはとにかく一途な人だった。

全女の新人オーディションに4度も書類を出したが、身長が基準に達していなくて不合格。クラッシュ・ギャルズ人気により何千通とくる応募書類をしっかりチェックすることなどできない。身長160センチ以下は問答無用で落としていたし、165センチという選考基準の年もあったほど。152センチのASARIは書類の時点で不合格。それでもめげない。4回目の時は履歴書に身長160センチと記入し、なんとか書類審査をパスしたのだ。

毎年、受けにくる小さな女の子は私の目にも映っていたが、道場で行ったオーディションで一発逆転の秘技を披露する。スカイツイスタープレスの原型となる空中捻りを見せたのである。このひとっ飛びは審査基準をひっくり返す凄技。決して笑わないASARIは4度目の正直で全女の門を突破した。

体操の名門、二階堂高校卒で先輩には風間ルミがいた。リングネームは私がチャパリータ（スペイン語で小さい）と名付け、日本武道館での団体対抗戦でスカイツイスターとロンダード・キックを初お披露目。ASARIは夢中になると周囲が目に入らない。ファン時代は長与千種、デビューすると北斗晶に傾倒。自分の信じたものに身も心も支配されていた。

私は小さな身体でも世界への夢を抱かせようと、WWWA世界スーパーライト級という軽量級のベルトを新設。「10回防衛したら赤いベルト（WWWA世界シングル）に挑戦させる」と目標を言い渡す。当時の全女には規定である60キロ以下の選手は少なかったから、外国人や他団体まで広く挑戦権を与えた。

1997年夏、全女の給料未払いによる選手の大量離脱でASARIは井上京子の新団体に付い

チャパリータASARI(ちゃぱりーた・あさり)…1973年生まれ。152㎝、60㎏。92年、4度目のオーディションに合格して全女に入門。体操で培われた高い身体能力で、存在感を発揮した。オリジナルの高難度な飛び技「スカイツイスタープレス」を武器に活躍。96年には新設のWWWA世界ライト級王座に輝いた。97年に全女を退団後はネオ・レディースに参加。その後、フリーとしてアルシオンに上がり、スカイ・ハイ・オブ・アルシオン王座を獲得した。02年11月のデビュー10周年記念興行で引退を表明。翌年5月に引退した。

⬆オリジナル技スカイツイスタープレス

⬅96年に初代王者に輝いたWWWA世界ライト級王座は通算3度戴冠

て行った。本来なら誰もが私が誘うと思っていたが……私が作ったアルシオンにはタマフカ（玉田凛映&府川唯未）が所属することになっていた。2人とは相性があまり良くないからASARIに声を掛けることは控えたのだ。それでも旗揚げ1年が経つとASARIのいたネオ・レディースは興行不振で半ば壊滅状態。だから私はフリーとしてASARIをアルシオンに呼んだのだ。

アルシオンでは、初代スカイハイ・オブ・アルシオンのベルトをASARIに渡すことができた。WWWA世界スーパーライト級のベルトは全女が管理を私に委任してきた。私は藤田愛を新王者に認定したが、そこからASARIとの人間関係がギクシャクした。誰よりもスーパーライト級にこだわるASARIは、大事な宝物を私が取り上げてしまったと思い込んだのだ。

その後、引退を決意したASARIとまた距離が縮んできた。引退前に藤田愛の持つスーパーライト級に挑戦させたのだ。ここで執念のスカイツイスターを出したのだが、コーナーから飛んだがロープ目掛けて突っ込んでいってしまった。ASARIもここで引退を決意したという。

引退セレモニーはNEOのリングで行われた。私はセレモニーでアナウンスされるプロフィール原稿を頼まれた。リングに上がった私は、あのスーパーライト級のチャンピオンベルトを〝永世王者〟としてASARIに贈呈した。その時、ASARIは嬉しさのあまり泣きじゃくった。最高のプレゼントは、今でもASARI宅に飾られているに違いない。

ロッシー小川が選ぶ「団体対抗戦時代」の名勝負

1992年11月26日、川崎市体育館
◆WWWA世界タッグ選手権試合

〈王者チーム〉山田敏代&豊田真奈美 vs
〈挑戦者チーム〉ダイナマイト関西&尾崎魔弓

翌年のオールスター戦を見据えて、まるでプレ・オールスター戦のようなカードが実現した。全女とJWPの抗争緒戦に、いきなり大将格のダイナマイト関西と尾崎魔弓が乗り込んできたのだ。

1992年の夏、FMWとのからみで団体対抗戦が始まった。女子プロレス市場はそれまで全女の独占状態にあったが、ジャパン女子が崩壊したことで、1992年にJWPとLLPWが誕生。FMW女子部と合わせて4つの団体が存在していた。

違う団体同士がまじ合うことは禁断の果実を食べるようなもの。その第一弾としてFMWの横浜スタジアムにブル中野&北斗晶が出陣し、工藤めぐみ&コンバット豊田に快勝。週刊プロレスの表

全女vsJWPの緒戦。試合は王者が防衛したが、期待を超える名勝負に歓声が爆発した。

紙まで獲得する。当時は女子プロレスが専門誌の表紙を飾ることはごく稀で、数年に一度あるかないか。この成功は、全女に少なからず火を付けた。

全女の松永兄弟は、1993年4月に創立25周年大会の会場として横浜アリーナを押さえ、そこで各団体を集めたオールスター戦を行うことを計画した。その序曲となったのが、1992年11月26日の川崎大会。ブル中野vsアジャコングによる至宝WWWA世界シングルを巡る最終決戦、元祖白いベルトのオール・パシフィックは井上京子に北斗晶が挑戦と団体内の強力カードを揃えたが、隠し球がJWPの投入だ。

旧知の顔馴染みだったJWPの山本雅俊代表とはいずれ対抗戦を頭に入れていたが……FMWとの関係がギクシャクしたため、急きょ話し合いの席をもったのだ。

旗揚げ間もないJWPは数少ない所属選手を思

い切った試合形式でリフレッシュさせていた矢先のこと。私の誘いに同調するメリットがあったのだろう。山本代表は全面的に協力を約束してくれたのだ。フロント同士の信頼関係があったから、全女とＪＷＰの対抗戦の実現は難しくなかった。いかに刺激的で面白いリング上を作り出すことができるかが我々の仕事。お互いにビジネスライクばかりではないところも一致していた。

ブル vs アジャという全女の切り札的なカードを抑えてメインに抜てきしたタッグの頂上対決。全女が売り出し中の山田敏代&豊田真奈美を出せば、ＪＷＰはツートップのダイナマイト関西&尾崎魔弓を惜し気もなく出場させた。戦うメリットを双方が理解したこの一戦は、まるでノーガードの打撃戦の様相を呈し、女子プロレス団体対抗戦元年の幕開けにふさわしいベストマッチとなった。

1993年4月2日、横浜アリーナ
◆デンジャラス・クイーン決定戦

北斗晶 vs 神取忍

全女の創立25周年記念大会は史上空前のオールスター戦として、4年ぶりに横浜アリーナを開催した。オールスター戦と言っても全女 vs 他団体という図式でカードが構成された。これに周年大会らしくOGセレモニーや引退していた長与千種を引っ張り出しての豪華感を加算した。

OGセレモニーは全女の歴史を飾った赤城マリ子、マッハ文朱、マキ上田、池下ユミ、ジャガー横田らスター選手たちが参加してくれた。懐かしさあり、団体対抗戦ありと、ファンにとって夢のような顔合わせだった。

この大会には特筆すべき点がいくつもあったが、一番はメインの終了時間が午前0時30分を越えてしまったことだろう。午前0時になると終電を逃すまいと約半数の観客が退場。メインでFMWの工藤めぐみ&コンバット豊田を破った豊田真奈美&山田敏代が、泣きながらバックステージに引き上げてきた姿は印象的だった。

さて、この大会で事実上のメインカードだったのが、北斗晶と神取忍の一騎打ち。2人は戦前から激しい舌戦を繰り広げてきた。当時の北斗は全女のトップクラスではあったが、知名度では神取の方が遥かに上。試合はまったく嚙み合わなかったが、それが逆にスリルでリアル。北斗の描くプロレスではなかったものの、打撃技を真っ正面から受ける神取には格闘家の佇まいがあり、まるで異種格闘技戦のようだった。右のストレートパンチが神取の顔面にヒットし、北斗は勝ち名乗りを上げた。目の上に大きな傷を負った北斗は明け方に電話をくれ、「こんな傷ができてしまって、プロレスが怖くなった……もう辞めたい」と言ってきた。

だが一夜明けて事務所にやってくると駆けつけたマスコミに傷跡を見せて、健在ぶりを示した。たった一夜でスーパースターに上り詰めた北斗は、それからシンデレラ・ストーリーを歩き始めたのである。

1994年11月20日、東京ドーム
◆V★TOP WOMAN日本選手権トーナメント優勝決定戦

北斗晶VSアジャコング

現時点では最初で最後となっている女子プロレスの東京ドーム進出。

何しろテーマが〝闘うトライアスロン〟だったから、実に22試合10時間興行という記録を残してしまったのだ。

この大会は女子プロレスのみならず、女子格闘技の祭典ということを意識していた。だから女子プロレスの各団体だけではなく、キックボクシング、シュートボクシング、アマレス、異種格闘技戦をも網羅しようとした。私は全女のプロデューサーとして、アマレス以外すべての交渉に立ち会った。そして裏テーマが北斗晶の引退問題だった。

この1994年という年、北斗は3月の横浜アリーナ、8月の日本武道館、この東京ドームの3大会しか出場しない超プレミアム・レスラーになった。神取忍との二度に渡る死闘の末、北斗は引退を声明していた。

「北斗は本当に引退してしまうのか⁉」

その去就が最大の関心事になった。私はその関心をさらに引き上げるために、日本選手権に引っ掛けたトーナメントの開催を計画。誰が一番強いのかはどの時代にも通じる闘いのテーマ。ＪＷＰ、ＬＬＰＷ、ＦＭＷの主要団体に代表者を選出してもらい、主催者の全女からは北斗晶、アジャコング、豊田真奈美、井上京子、堀田祐美子が出て、８名のトーナメントで雌雄を決しようとした。また冬季オリンピックのフィギュアスケートでアメリカ代表にもなったトーニャ・ハーディングを招聘するというまことしやかな噂も大きな話題となっていた。ナンシー・ケリガン襲撃事件（１９９４年1月、リレハンメルオリンピックの選考会だったフィギュアスケートの全米選手権会場で、スケーターのナンシー・ケリガンが何者かに襲われた事件）の主犯とされたハーディングはプロレスにもってこい、そんな松永会長の雑談が東京中日スポーツの一面を飾ったことで、ＴＶのワイドショーが全女の事務所に押しかけたのだ。ほぼ毎日のように取材クルーが事務所の周りを囲んでいたが、「そんな事実ありませんよ」と告げても取材陣にとってはことの真偽よりもスキャンダルなニュースが欲しいだけだった。この時にワイドショーの在り方を理解したのだ。

開催半年前の全選手参加のチケット先行発売ではチケット1枚につき、一選手のサインをプレゼントしたが北斗に集中し5時間も列が並んだ。本当に1冊の本が書けるほど様々な思惑と人間模様が交差した東京ドーム大会。次はスターダムで開催できれば感無量である。

女子初の東京ドーム大会は、「憧夢超女大戦(どうむちょうじょたいせん)」と銘打たれた

当日は主催者発表で4万2500人の観衆が詰めかけた

ちなみに東京ドーム直前になると、北斗は「引退したくない」と口にするようになっていた。今でこそ誰もが知る主婦タレントの北斗だが、当時は「東京ドームを満員にした主役も会場の外に出たら誰も知らないプロレス界の住民」。そんな稀有な存在だった。

1995年9月2日、日本武道館
◆THE DESTINY CLIMAX
北斗晶 vs 豊田真奈美

デンジャラス・クイーン北斗晶の全女における最後の名勝負。

最高権威だったWWWAの赤いベルト戦ではないメインイベントには、稀代のスーパースター北斗に90年代のミス女子プロレス豊田真奈美が挑む対決を組んだ。

過去に何度も対戦している両者だが、団体対抗戦以降は外敵と対峙することが主体だったため〝大物〟に変貌した2人による顔合わせは実に有意義な闘いだった。全女の仕掛け人として最前線にいた私は会社の意向で団体対抗戦を一時休止していた。ビジネスが上向いてくると対抗戦を中断して、従来の団体内の充実度を見せつけたのだ。

時代の生んだカリスマ・北斗晶と次代の全女のエース・豊田真奈美が激突した大一番。この試合で北斗を破った豊田は、90年代中盤以降の女子プロレスをリードしていく。

もっとも団体対抗戦は開戦から2年以上が過ぎてもはやマンネリ気味。観客動員にさしたる影響もなくなってきた。そこで全女の凄さを押し出すカードとして、ブル中野vs井上京子、アジャコングvsバイソン木村、堀田祐美子vsレジー・ベネット、ラスカチョvsライオネス飛鳥&ジャガー横田をラインナップに加えた。

バイソン、飛鳥、ジャガーはこの時は復帰したばかりのOGだったが、現役選手の動きについていくのが厳しかった。北斗は佐々木健介と婚約を発表し、不定期参戦のVIP待遇。豊田の存在は全女のシンボルのようで、カリスマ北斗に次代のエース豊田という図式。豊田が掟破りのノーザンライト・ボムで絵に描いたような勝利を挙げたのだ。前月に虎の子王座のWWWA世界シングルがダイナマイト関西に移動していたが、この勝利が豊田によるタイトル奪回を後押しすることになる。

1996年5月18日、大田区体育館
◆第1回ジュニア・オールスター戦　タッグマッチ

玉田りえ&里村明衣子vs大向美智子&白鳥智香子

団体対抗戦がひと段落した頃、ＪＷＰとＧＡＥＡ ＪＡＰＡＮの若手交流のぶつかり合いが注目を集めていた。〝全女が一番〟を提唱する私にとっては、「全女にもいい若手は揃っているのに……」、そんなジェラシーに近い気持ちがジュニア・オールスターという大会を生んだのだ。

１９９５年12月には早くも動き出した。まず肝心のＪＷＰとＧＡＥＡを押さえなければ成立しない。ＪＷＰの山本代表とＧＡＥＡの杉山社長は諸手を上げて賛同してくれた。全女のロッシー小川が動けば怖いものはない。そんな自信に満ちていた私だが、松永会長はあまり乗り気ではなかった。「新人ばかり集めて儲かるのか？」と問われた。何の根拠もなかったが、私は「必ず成功します」と言い切った。いや、ここは言い切るしかない。すると松永会長は「５００万円の売り上げを出せ」と条件を出してきたのだ。

それでも開催が発表されるとチケットは飛ぶように売れた。ファンはやはり新世代の台頭を欲していたのだ。実数で３０００人を超える超満員の観衆が大田区体育館に集結した。専門誌やプロレス・マスコミに掲載してもらうしか手段がない時代。幸い女子プロレス専門誌の「レディース・ゴング」が表紙に抜てきして特集を組んでくれた。

全女は前日、仙台で興行をし、日帰りで帰京する強行日程。選手のコンディションをまるで無視していたから、早朝に会場に着いてみれば不眠の集まりだった。主催の全女を中心にＪＷＰ、ＬＬＰＷ、ＦＭＷ、ＧＡＥＡ、Jd'という既存の団体に加えてＩＷＡ ＪＡＰＡＮの市来貴代子も出場した。この市来は日本テレビ「元気が出るテレビ」の女子プロレス・オーディションで選ばれたひとり。ここからは元気美佐恵、シュガー佐藤（GAEA）、上林愛貴（FMW）が合格していた。メインは全女同期の玉田りえ、大向美智子（LLPW）、白鳥智香子（Jd'）が集結しデビュー1年の里村明衣子（GAEA）が加わったタッグマッチ。玉田ら3人はデビュー4年が経っていた。試合は大向が里村に勝利したが、大会MVPには里村を選出した。そのがむしゃらなファイトは、同期が久しぶりに集まり喜んでいた3人に比べ、ジュニア・オールスターのコンセプトそのものだったからだ。

大会が大成功で終わった翌日、事務所に行くと松永会長が10万円の特別手当を現金でくれた。金額の大小ではなく、私だけ貰えたことに意義があったのだ。ジュニア・オールスターは翌年がGAEA、その次の年はJd'と持ち回った。

1996年8月13日、日本武道館

◆ディスカバー・ニューヒロイン・タッグトーナメント

ダイナマイト関西&久住智子vsアジャコング&田村欣子

史上初の日本武道館2連戦……これは1年前の武道館大会が他団体の選手は出場せずに成功を収めたことから、内々で決まっていた。

私は全女のトップメンバーであるブル中野、北斗晶、豊田真奈美、井上京子らをトーナメントで競わせ、誰が最強かを決める大会を考えていたが……時代背景はK-1が格闘技界の盟主になるくらいの勢いがあり、毎回トーナメントを開催して優勝者を決めていた。ワンデイトーナメントは非常にわかりやすい形式だ。

ところが武道館2連戦に不安を抱いた松永会長が、週刊プロレスのターザン山本さんに大会そのものを丸投げしたのである。山本さんは「ディスカバー・ニューヒロイン」というテーマを掲げて、トップ選手と若手選手がチームを組んで激突するタッグ・トーナメントを企画。週刊プロレスの親会社であるベースボールマガジン社と全女が共催する方向で話が進められた。

経費はベースボールマガジン社側が負担し、利益は折半するという形式だった。全女とすれば、これは売り興行のようなもの。雑誌で頻繁に宣伝もしてもらえるし、リスクもない。

だが、企画が走り出したタイミングで肝心の山本さんが、新日本プロレスとの確執で編集長の座を追われてしまう。また山本さんはプロレス雑誌作りのプロだが、プロレスのプロデュースはできない。こうしたタイプの興行では、出場させたい選手のいる各団体との調整役が一番難しい仕事だ。だから、その業務は必然的に私に回ってきた。

企画の大筋は決まっていたが、タッグチームの決定やカード編成は振り出しに戻った状態。山

タッグトーナメントに優勝したJWPのダイナマイト関西（右）と久住智子（左）

本さんの尻拭いをやらせられた気がしないでもなかった。

タッグトーナメントと並行して女子格闘技のトーナメント「U★TOP トーナメント」も開催が決まった。総合格闘技（MMA）が今ほど知れ渡ってはいなかったから、試合をしてくれる選手を探すだけでもひと苦労した。

選手のブッキングは格闘技の専門家に依頼したが、経費の見積もりを立てたところ、ベースボールの事業部代表の岩本さんは「500万円以内で」と適当な答えが返ってきた。

格闘技の場合、選手以外にもセコンドが必要だから経費は嵩む。それでもオランダ、ロシア、アメリカから5名を選抜した。全女からは堀田祐美子が代表で出場したが、決勝でロシアのロジーナ・イリーナ（柔道の五輪代表候補）に惨敗。悔し涙を流したのだ。

タッグトーナメントは個性豊かな16チームが出場。決勝はＪＷＰのダイナマイト関西&久住智子組と全女のアジャコング&田村欣子組で争われた。その結果、ＪＷＰチームが優勝の栄冠を勝ち取った。久住は後に〝日向《ひゅうが》あずみ〟のリングネームで団体を牽引するエースに成長し、田村はＮＥＯで絶対的な王者に成長していった。

どの試合も面白かったが、収支は大赤字。一大会２０００人にも満たない観客数では、広い武道館はガラガラ。全女はノーリスクで収入を得ようとしたが、赤字ではそれも儘ならぬ状態。ベースボールマガジン社に至っては事業部の岩本さんが責任を取り、その座を追われる始末。この武道館２連戦を機に全女の屋台骨がぐらついたのは明らかだった。

【特別対談　その1】

山本雅俊

（元ＪＷＰ代表）

「全女をヒールにできるんですよ、僕はオイシイなと思ってました」

女子プロレスが最も熱かったときはいつか？　そう聞かれたら多くのファンは90年代前半の団体対抗戦時代と答えるだろう。毎週末、各団体がビッグマッチを連発していたあの時代。ＪＷＰを率いた〝ヤマモ〟こと山本雅俊さんに舞台裏を伺った。

聞き手・写真／入江孝幸

TOKYO

団体対抗戦は双方にとって絶妙なタイミングで始まった

――お二人が再会するのは久しぶりですか？

小川　この前のスターダムの『ＮＥＷ ＢＬＯＯＤ』で久しぶりにという感じですね。

山本　知り合いの信州ガールズのＬＩＮＤＡさんが参戦することになって観戦したいので久しぶりに連絡したんですよ。その前にも武道館大会（２０２１年３月３日）は観戦していますけど。

――今回の対談はお二人に対抗戦時代のことを振り返っていただきたいと思います。

小川　もう覚えてないことが多いよ（苦笑）。

――と、その対抗戦のお話の前に１９８６年８月17日にジャパン女子プロレスが旗揚げされたとき、小川さんはどのように見ていましたか？

山本　あ、それは聞いたことがないので興味ありますね。

小川　それまでの女子プロレスは全女一団体時代が続いていたでしょ。それでジャパン女子はいろいろな話題を振りまいたじゃないですか、柔道日本一の神取しのぶが入団するとか、シュートボクシングの風間ルミが入団するとか。あとは芸能と組んだりして話題が多かったから興味はありましたよね。ただ、そのときの全女はクラッシュ・ギャルズの全盛期で、他の全女スタッフは気にしてませんでしたけど。意識していたのは長与千種ぐらいじゃない？

――山本さんは女子プロレス業界はジャパン女子がスタートになったわけですけど、入ってみていかがでしたか？

山本　僕は30歳で業界に入ったんですけど、それまでは役者を目指していていろいろと経験しましたが、どのバイトも新参者には冷たかったです。でもジャパン女子に入って各団体に御挨拶に伺った際に小川さんもそうですし、当時、新日本プロレスのリングアナウンサーだった田中ケロさんも、みんな優しいんですよ。ジャパン女子に興味を持って接してくださって、逆にファンのように（笑）。だから、すごく温かい世界だって思っていました。

小川　ジャパン女子は最初の頃、渉外で茨城（清志）さんが入っていたでしょ。で、茨城さんとたまに会って情報は入ってきてたんだよね。まぁ、茨城さんのことだから一方的に言ってくるだけなんだけど（笑）。

——（笑）当時、お二人は面識はありましたか？

小川　新日本プロレスの会場で会っているよね。

山本　御挨拶して連絡を取り合うまでにそんなに時間はかかりませんでしたよね？

小川　同世代だしね。やっぱり僕も気になっていたんじゃないですか、ジャパン女子のことを。

——そのジャパン女子プロレスは１９９２年１月に解散。その年の４月に山本さんがＪＷＰを立ち上げました。ここから本格的にお二人が絡んでいかれたと思いますが……。

小川　１９９２年にまずＦＭＷとの対抗戦を始めたでしょ。それで、まぁ……向こうがイロイロと言ってくるんですよ。「全女としてはそれはできない」という状況になって関係が悪くなったんですよ。それで、どこかで山本さんに会ったときに「次はＪＷＰと」と持ち掛けて。

山本　そこは自分の記憶とは違いますね。会ったのではなく電話でした。

小川　電話でしたっけ？

山本　あれ？　会った時に言われたかな？　覚えてないけれど、言われたとしても社交辞令だと思っていて、そこからスグに電話がかかってきたんですよ、「対抗戦、やりましょう」って。なので、正式なお話は電話でしたね。

小川　本当にＦＭＷとはどうにもならなくなって、そんな時にＪＷＰとならば良い関係でできるんじゃないかと思ったんです。

山本　これは結果論になりますけど、絶妙なタイミングだったんです。そのお話と前後してＷＯＷＯＷの中継が決まったりして。当時はまだ放送の契約とか緩かったから知名度のある全女の選手を出せるし、ＪＷＰの選手も地上波（全女が契約していたのはフジテレビ）に出せて格段に知名度も上がるじゃないですか？　こんなオイシイ話はないと思いました。
小川　利害が一致したんじゃないかな。

全女を〝ヒール〟にするJWPを率いるヤマモの狙い

――不安はありませんでしたか？　たとえば試合面に関しては全女と、ジャパン女子から派生したJWPではロックアップの仕方から違うじゃないですか？　そういった点を含めて噛み合わない可能性もありましたよね？
小川　でも、そんなことを気にしている人はいなかったでしょ。だって、できちゃうんだもん、自然と。ロックアップがどっちなんて関係ないですよ。
山本　JWPはダイナマイト関西と尾崎魔弓が選手のまとめ役だったので、まず2人に話をしました。そうしたらすぐに「やりたい」と。まとまるのは早かったです。

小川　その翌年に全女が25周年を迎えるにあたって、そのプレ大会みたいなものを川崎市体育館でやろうとなって。他団体の参戦だけではなく、異種格闘技戦があったりね。そこにJWPはすんなりと協力してくれたけど、LLPWがなかなかウンと言わなくて。
山本　その話を聞いて信じられないって思いましたよ。風間さんも、そして当時はJWP所属だったデビルも「全女のペースになっちゃう……」って嫌がっていたんですけど、自分は「むしろ、この展開は全女のペースに乗ることから始まる」と思いました。
――〝対抗〟戦なのにですか？
山本　全女は老舗だから、ファン目線で言えば規模の大きな方のペースに流れるのは普通ですよね。でも逆にそのことでJWPは全女を巨大なヒールにできるわけです。実際にJWPは対抗戦で最初の2戦、負けています。ある関係者には「なに負けてるんだ！」って叱責されたけど、僕はオイシイなと思ってましたよ。対抗戦のどこが面白いかは実はファンの方の強い思い入れにあるんです。その思い入れを

対談にあたっては思い出の地も巡った。アジャコングvs関西が行われた日本武道館にて

増幅させるには、勝ってばかりだと逆にメリットは薄いんですよ。

小川 山本さんはそういうところを分かっているけれど、他の団体がね……。

山本 だからＬＬさんとか見ていると、いろいろな意味でやり方が下手だなって思ってましたよ。

小川 風間さんは選手でもあったし、そういう選手目線があったのも仕方ないですよね。その内向的な目線と、私や山本さんはフロントなので外交的な目線で、その差が出ちゃっているんですよね。まあ、守ることしか考えていないっていうのかな。

――その対抗戦が始まるにあたって、お二人は「このカードを見たい！」というものはありましたか？

山本 僕は誰が誰と当たっても見たいと思っていました。新人同士でもいいし、どれも初めて実現する対戦カードですからね。出し惜しみはしなくていいとも思ってました。やっぱりお客さんがオイシイ思いをしないとダメなんです。だからＪＷＰでは観戦無料のイベントプロレスでも後楽園並みのことをやってました。

小川　いろいろあるけど、決まっていた横浜アリーナ大会で堀田vs関西をやりたかったんですよ。二人の間にはいろいろな想いがありましたから。

——二人は一緒に全女のオーディションを受けているんですよね。ジャパン女子時代にテレホンサービスがあって電話をかけると選手のメッセージが流れるんですけど、そこで、まだミスAだった関西さんが話していました。

山本　関西が落とされてね（苦笑）。

——そして、いざ始まってみるといかがでしたか？

山本　最初に実感したのは全女の川崎大会でしたね。関西と尾崎が出場したので、観戦のために全女さんが用意した最前列の席に着いたんです。代表の篠崎と一緒だったんですけど、その瞬間、全女のファンから「帰れ！」とブーイングされて、「おぉ、これか！俺達ファンに認知されてるな」と逆に自信を持ちました。

小川　その試合が良い試合でね。ハッキリ覚えているんですけど、試合を終えて控室に戻る時に誰も見ていないところで山本さんと握手したんですよ。

——それだけ手応えがあったということですね。そして、1993年4月の横浜アリーナ大会へとつながり、対抗戦が盛り上がっていきますが、あそこまで大きくなると思っていましたか？

山本　専門誌の取り扱うページ数が増えたなと常々思っていました。今、読み返してみても、ものすごいページ数が割かれていますよね。

小川　当時はメディアが雑誌しかないわけですよ。SNSどころかネットもない時代だから、雑誌が唯一最大のメディアでしたから。週刊プロレスで取り上げられただけで観客数がアップするんです。今では信じられないことだけど。

——雑誌の力が対抗戦を盛り上げていったと？

小川　だから我々は雑誌をいかに活用するかということを常々考えていました。そこに長けていないと上がっていけなかった時代でしたよね。

山本　本当にそのことを考えてばかりでした。だから小川さんから1日に何度も何度も電話がかかってくるわけですよ。当時は携帯電話もなかったから事務所にね。「あ、またかかってきた」って（笑）。それで思ったのは、当時の小川さんの立場は自分がジャパン女子にいた時と同じだなって。

小川　どういうこと？

山本　そもそも全女は松永ファミリーのもので、考え方が前時代的だったと思います。そこを小川さんが現在のファンのニーズに全女を合わせる努力を毎日のようにしているのに、松永一族はその部分を理解していないと感じました。僕自身がジャパン女子時代、上に対して何度も思ったことでしたから。そう感じたから小川さんと密になれたのだと思います。

小川　まぁ、同族会社なのでどうにもならないことだからね。でも、「だったらリング上のことは自分がリードしよう！」とは思ってましたね、あの時代は。

山本　やったもん勝ちみたいなね（笑）。だから、リング上を見ていると、だんだんと「あ、これは小川さんの仕掛けだな」ってわかってくるんですよ。

小川　昔の全女は選手がやりたい放題みたいな流れがあったんですよ。試合時間を気にしなかったりとかして。だから、誰かが「こういうのはどう？」とか「こういうことは言っちゃダメだよ」とアドバイスをしてコントロールしていかなきゃいけないと思ったんですよ。選手の自己プロデュースだけでは成り立たないジャンルですからね、プロレスは。

「世界中のものは全部、俺のもの」実際に見た衝撃の松永一族伝説

――これは山本さんにお伺いしたいのですが、全女を軸とした対抗戦が盛んになっていくと袂を分かったLLPW勢とも遭遇するわけですよね？

山本　これは試合とは直接関係ないことですけど、対抗戦時代にどこかの放送局が『女子プロレス団体対抗運動会』といった内容の番組を制作したんですよ。なぜか収録したけどお蔵入りになってしまったんだけど……。

小川　あった、あった！　その企画。

山本　それで1日かけての収録だったから前日からホテルに泊まったんですが、朝飯をLL勢と同じところで食べなくてはいけないんですよ。その時の雰囲気がね……なかなか気まずかったですよ（笑）。でも、うちはLLをリードしている気持ちがあったので余裕を持って接していたんですけど、それが余計に向こうをピリピリさせたというか……（苦笑）。

小川　まぁ、こういう言い方はアレだけどJWPは事実上、ナンバー2の団体だったからね。

山本　今となっては自分は子どもだったと思いますよ。だって団体の長だったわけですし。こちらから「おつかれさまです」、「今後ともよろしくお願いいたします」って言えればよかったんですけど、神ちゃん（神取しのぶ）のことをシカトしたりしてね。まぁ、向こうの方がガチガチでしたけどね。

――まぁ、分かれた背景もありますしね。小川さんはジャパン女子が2派に分裂した背景を知っていたでしょうから対抗戦をやるにあたって気をつかったのでは？　たとえば同じ日の大会に両団体の選手を同時に使わないとか……。

小川　いや、気はつかわないですよ。だって、それはそっちの問題で我々の問題ではないから。

一同　（笑）

山本　でも、最初のオールスター戦の横浜でLLさんもシッカリとやっているなと思いましたよ。見直しました。とくにハーレー斉藤の試合は技術も含めて良かったと思います。

小川　そういえば、その横浜アリーナ大会の時に山本さんが「机一個で100万円稼いだ」って言ってたのを思い出した（笑）。まぁ、それだけ売店も盛況だったわけですよ。

山本　（笑）いや、本当に凄かったんですよ、あの横浜アリーナは。あの大会は日付越えしたことでも有名ですけど、我々は団体の車できていたから帰りも問題なかったですけど、新横浜駅の近くにあった屋台のラーメン屋さんにブワ～って人が並んでいて、そういう光景が目に焼き付いてますね。

――当時は会場の規模が大きくなるほど時間も長かったですよね。

小川　さっき言ったように選手がやりたいことをやって時間を気にしてなかったからそうなるんですよ。

山本　ドーム大会も24時過ぎましたっけ？

小川　いや、24時までに終わらせた。24時で終わって良かったねって言ってたほどで（苦笑）。

山本　あの時、全女のリングアナだった今井さんが23時に「未成年は帰ってください」とか言い出す始末で（苦笑）。

小川　私からすれば24時を回らなかっただけで御の字ですよ。

山本　メチャクチャな会社ですよ（笑）。メチャクチャっていえば、対抗戦が始まる前に全女の事務所に御挨拶に伺うわけですよ。それで会長室に通されると、そこには会長をはじめ松永一族がいて。めちゃくちゃ緊張する場面なのに傍らでヒヨコの鳴き声がするんです。見るとダンボール箱にヒヨコがいっぱいいるんです。思わず「会長、これ、なんですか？」って聞いたら、「あ、それ会場で売るの！」って。

一同　（大爆笑）

山本　真顔で「山本さん、今、売れるよ、ヒヨコは。山本さんのとこでもどう？」って言うんですよ（笑）。

小川　これは時効だから話すけど、あの人たちはタイに行ったときにサルを隠し持って帰国しちゃったからね。そういうことを平気でやる人たちだったから（苦笑）。

山本　松永会長の言葉で忘れられないのは「山本さん、世界中の物は全部、自分のもの」って言われて。「なんでですか？」って聞いたら「だって金出せば買えるんだから」って言われて。俺、プロレスの話をしにきたのに、とんでもない方向に向かってるなって思いましたよ（笑）。

小川　だからね、対抗戦の時に松永会長によく言われたのが「全部、自分のところの選手だと思えばいい」って。

山本　（笑）なんですか、それは！

小川　そうすると選手の勝ち負けが気にならないっ

て（笑）。全部、自分の選手だからという考えで、そう思っちゃうのはスゴイよね。

山本　あと、全女がスゴイと思ったのは、小川さんとの打ち合わせで事務所に行って。その日はたまたま土曜日で事務所に誰もいなかったんです。それで電話がかかってきて小川さんが対応して。そしたら、また一本かかってきて小川さんが「山本さん、出て！」って。僕、「はい、全日本女子プロレスです！」って対応しました。一応、JWPの代表なのにですよ？なんてメチャクチャな会社なんだって（笑）。

——デタラメにもほどがありますね（笑）。

山本　あと、ブル中野さんが対抗戦時代の頃、一時的に第一線から身を退いていた時期があるんですが、その時に全女の事務所に行ったら中野さんがお茶を出してくれたのも印象的です。

小川　ブルは一時期、全女の事務員をやっていたんです。

山本　中野さんが笑顔で「いらっしゃいませ」と、お茶を出してきたのにはビックリしました。また、その時に小川さんが「もしも会社が中野に対して俺よりも高い給料を払っていたら怒りますよ。だってフロントでは俺の方がキャリアが上なんだから」と言ったのをよく覚えてます（笑）。

小川　でも、すぐに辞めちゃったよね。ブルに事務員は無理だったみたい。

女子プロレスから距離をおいてもロッシーの動向はチェック

——話が思わぬ方向へ行ってしまったのですが、対抗戦の話に戻します。あれだけ盛り上がった対抗戦も2年目を過ぎると徐々にフェードアウトしていった感があります。

小川　あれは全女自体が景気が良くなって「もう対抗戦はやらなくていいだろう」ってなったんです。だけど、ちょっと景気が落ちると「やって」という指示を出されて。だから、1995年あたりかな？対抗戦はやってないですよね。1回、ダイナマイト

山本雅俊(やまもと・まさとし)
1956年生まれ。徳島県出身。俳優を目指して上京、1986年にリングアナウンサーとしてジャパン女子プロレスに入社する。1992年1月にジャパン女子プロレスが解散すると、同団体の広報を務めていた篠崎清とともに、ダイナマイト関西、キューティー鈴木、尾崎魔弓などを引き連れ、ＪＷＰを創設。共同代表に就任した。団体対抗戦時代はフロントとして前面に出て、ブーム活況に貢献。ラスカチョの下田美馬とのやりとりはマニアを喜ばせた。01年にＪＷＰを退社。現在も格闘技やプロレスでリングアナを務めている。

関西がアジャに勝った試合があった程度で、あまりやってないんです。それは上が「全女だけでやっていける」という変な自信がついちゃったんですよね。本当に身勝手な話なんですけど。

山本　１９９５年というと、ＧＡＥＡ ＪＡＰＡＮができて……。

小川　最初はＪＷＰはＧＡＥＡと密だったよね？　復帰した千種の主戦場だったり。

山本　ただ途中からＧＡＥＡさん側から交流のバランスを意図して崩してきました。経営陣がプロレス出身ではなかったから、しきたりを突然無視するというか。これまでできていたことを急に「できない」と言われたりしましたね。経営陣が芸能界出身で僕に「芸能界は生き馬の目を抜く世界だった」って言って。あぁ、生き馬の目を抜きにきたなって思わされることがあったんですよね。こちらとしては、けっこうやれることはやったつもりでしたけど。

小川　ＧＡＥＡといえばね、実は私が全女を辞めた時に、「うちがお金を出すから新団体を作りませんか?」ってGAEAから持ち掛けられたんだよね。

山本　え?　本当ですか?

小川　うん。それで対抗戦をやらせましょうって。まあ、自分でアルシオンをやるって決めてたから断ったけど。

――1997年に小川さんがアルシオンの設立宣言をされた時、山本さんはどう思われましたか?

小川　私が引き抜き宣言をしたから、山本さんは今井さんと反アルシオンでガッチリ組んで対抗しようとしていたよね?

山本　そりゃ、そうですよ。そう言えば引き抜きに関しては、その前にSWSができて引き抜きをした時に週プロが批判したでしょ?　だからアルシオンの時もそうなるかと思っていたのに、むしろ引き抜きを支持して応援していたから、全く納得できませんでした。

小川　でも、JWPからは誰もアレしてないから。まぁ裏ではいろいろ画策しましたけど。福岡晶はアルシオンに入るのがほぼ決まっていて、設立前のミーティングとかにもきていたし。

山本　本当ですか?

小川　でも、いろいろな事情が重なって、義理を通してJWPを選んだんですけどね、彼女は。

――ただ、数年後にはJWPの選手がアルシオンのリングに上がるようになります。その福岡晶選手や日向あずみ選手とか……。

山本　あの頃は団体の力が弱くなっていて、ある程度、選手の言うことを聞いてイキイキできる場所を作ってあげなきゃって思って。それで実現したんですけど……2000年頃ですよね?

――そうですね。そして、2001年頃に山本さんはJWPを辞めて女子プロレスとは距離を置くようになります。その一報を聞いて小川さんはどう思われました?

小川　その頃から女子プロレスの暗黒時代が始まったしね。ちょっと良かったのはGAEAぐらいでしょ?　2010年頃まで暗黒の時代だったんじゃない?　団体の命って、もろいんですよ。人が抜ける時はバァーって抜けてっちゃうし。そういう時代だったから、仕方ないな〜って思ってた。

――山本さんはＪＷＰを辞める時に関係者には伝えたんですか？

山本　いや。山本小鉄さんだけでしたね。でも、自分がラッキーだったのは、その頃、サムライＴＶのキャスターの仕事が入ったり、あちこちからお話をいただいて〝辞めたバブル〟がきたんですよ（笑）。まぁね、辛くなかったとは言えないですけど、今でもつながりがある人もいるしね。

――その間、お二人は接点がなかったですよね？

山本　僕はずっと週プロで小川さんの動向を見ていましたよ。「あぁ、今、車に住んでいるんだ……」とか。茨城さんの興行を手伝っているんだとか。プロレス業界のフロントって、やれ追放されたとか、そんな話題ばかりじゃないですか？　だから、なんだかんだでプロレス業界の中心に今もいるのはスゴイです。これはいろいろな人に言ってるんですが、小川さんは宝くじに２回当たったような人生だと。その２回目が今ですよね。

小川　この業界で働いて45年になりますけど、辛かったのは５年だけなんですよね。その５年だけがクローズアップされるというか……。

山本　ずっと順調なのではなく、どん底を見ながらも這い上がってくるのはスゴイですよね。ジェットコースターみたいじゃないですか。

小川　ジェットコースターみたいな人生とはよく言われるけどね（苦笑）。でも、この年齢になってから思うのは、人生って年を取ってからのほうが大事なんだなって。若い時にはいいことも悪いことも栄光もあるかもしれないけど、結局、老いていくわけじゃないですか。年をとってもこういう仕事をできている自分は幸せなんじゃないかなって思っていますよ。

まさに今どきの女子プロレス ヤマモが考えるスターダムの魅力

山本　それは今のスターダムがあるからですよね。

スターダムに関しては今日、小川さんと対談するにあたって言いたいことがあって。

小川　どんなことだろう？

山本　初めて見たのが最初にも言いましたけど2021年3月3日の武道館大会で。正直なところをいうと、朱里さんと小波さんの試合以外は、あまり響かなかったんですね。それは僕自身が新日本プロレスからプロレスファンになったので、グラウンドの攻防から徐々に盛り上がっていく試合が好きだから、いきなりのロープワークから始まるのは違和感がありました。さらに、それに対するファンの反応が良いことも、また違和感でした。だけど、『NEW BLOOD』で見方が変わりましたね。

——どんなところにですか？

山本　あのような若手主体の大会では老舗団体の選手がインディの選手をつぶすような試合ばかりじゃないですか？　だけど、スターダムの選手には「私たちはあなたたちよりも上だから！」という奢りがまったくないし、どの試合もお客さんが楽しめるように成立させているので素晴らしいなと。今のお客さんが好きなのは、こういう試合なんだなってわかりましたね。プラスしてスターダムの選手の能力も凄いですしね。小川さんの中には葛藤はあるかもしれないですけどね。

小川　スターダムの今のファンは、ここ1、2年で興味を持った人が多いんですよ。だから昔がどうだったとか、あまり関係ないんですよね。今見ているものがすべてという気質ですよね。新日本プロレスから入ってきたファンの人もいるでしょうし、YouTubeから興味を持った人もいるでしょうし、入り方がみんな違うからね。まだまだ発展途上ではありますけど。

山本　スターダムの設立当初、僕がビックリしたのはバリバリの全女出身者で、そういうこだわりもあると思ってたのが、いろいろな選手を起用して、実にファンの目線を考えているんだなって。団体を設立する時って自分の好きなプロレスしか見たくないわけですよ。それで、その良さをファンに見せていきたいわけですけど、小川さんは最初からファン目

山本氏が所有する対抗戦時代の一枚。前列中央が福岡晶、後列左は週プロの小島和宏記者

線で「何をしたらお客さんに売れるのか？　売り物になるのか？」と考えているのに気付きました。その時に、ああそうか、自分には現場目線が欠けていたなと思いました。

小川　そういう風に見えるのは、私が過去を振り返っていないからですよ。過去は過去だって割り切っているんです。たぶん、今のファンの中には全女を知らない人がいっぱいいるんですよ。「あの時は強かった」、「全女でチャンピオンだった」なんて言っても、何の役にも立たないんですよ。今は今のやり方がある。そこに自分が今までやってきたことの中から「あ、これは使えるな」ってことを取り入れていっている感じかな。

――本書でスターダムはアルシオンの頃にやっていたことがつながっているとも書いています。

小川　つながっていますよ。アルシオンの時に思い描いていたこととは少し違うけれども、アルシオンの成功型だと思っています。結局、自分のやったことしかできないわけですよね。数字を求めることは大切だけど、選手にやりがいをもたせなくてはいけないし、そこが役目かなって。選手は試合後、「今日はどうでしたか?」って聞きにくるしね。

山本　それはいいことですよね。僕は選手の技術的な部分には意識して触れませんでしたが、やはりそうした第三者の目は団体内に必要だと思います。

小川　スターダムの選手はイチから育てた選手が多いでしょ。だから全女やアルシオンでできなかった選手のコントロールがやりやすいですよ。

山本　それは素晴らしい。

小川　自分の年齢というか年の功ってのもあるけど。選手の年齢は昔と一緒でも自分は年をとっていって。昔は選手にとってはお兄さん世代だったのに、今はお父さんどころかおじいちゃんだからね（笑）。

――時代性もあるでしょうしね。昔ほど選手同士の上下関係はないでしょうし。

小川　あるにはあるけど昔ほどガチガチではないよね。アメリカンナイズされているっていうのかな。上の選手の中には自分の試合が終わるとスグに帰ってしまう選手もいるし。

山本　それは我々の時代では信じられないですよ。

小川　ドライなんだろうね。

山本　あと、ひとつ面白いなと思ったのは最初に話したLINDAさんが参戦するので連絡した際に「LINDAって、どういう選手」って質問されて。「え?見たことないのに呼ぶんですか?」って驚いてたら「Twitterが面白くて」という理由で（笑）。でも、そうした遊び心がないと、この仕事は成り立たない部分もありますよね。

小川　いや、試合の映像を探しても出てこないんだよね……。呼べば何とかなるだろうって思って。

山本　（笑）当日の試合でのLINDAさんのムーブは定番の技が中心だったと思いますが、ほかの試合も含めてどれもゲストレスラー達の個性を際立たせた試合になっていましたね。いやあ、今日はとても楽しかったです。

小川　また会場にもきてください。今日はありがとうございました。

（了）

ロッシー小川
女子プロレス
お宝コレクション

古今東西のプロレスグッズコレクションを保有しているロッシー小川。今回はその博物館級のコレクションの中から、選りすぐりの女子プロレスグッズを紹介しよう。

珍品
are item

斗晶の鬼の面
場時に北斗晶が被っていた鬼の面の実物。

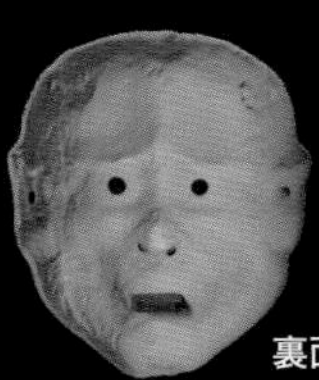

裏面

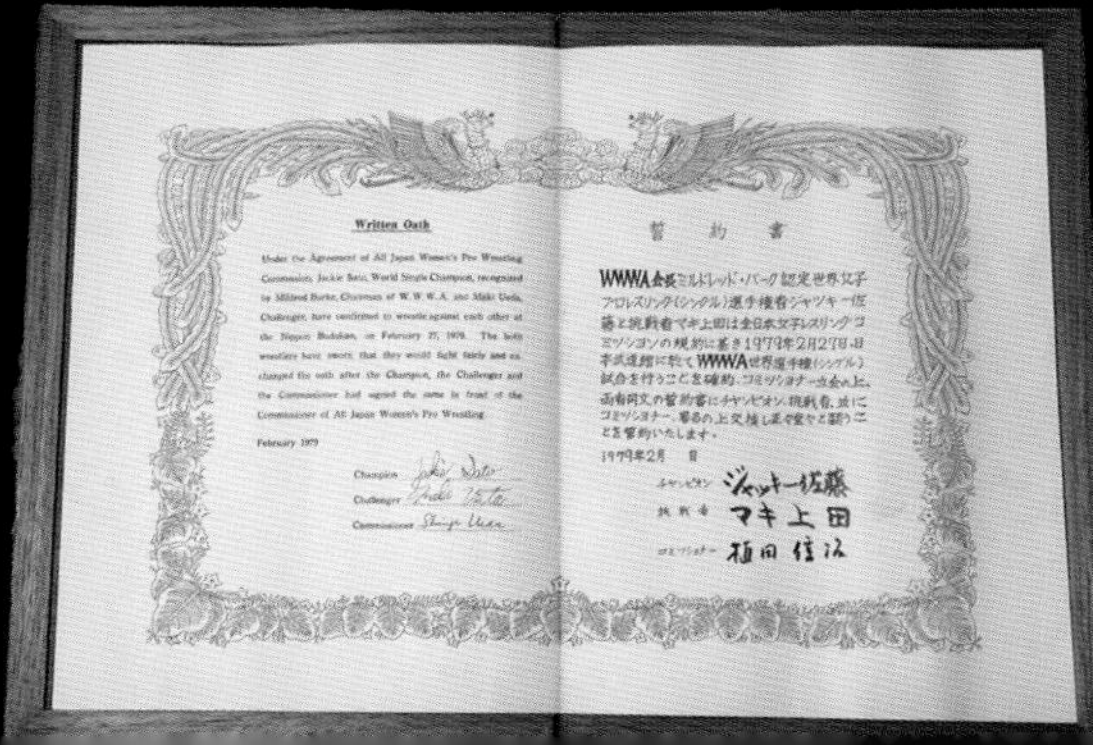

➡ビューティー対決の誓約書
1979年2月27日、日本武道館での敗者引退を賭けた王者・ジャッキー佐藤vs挑戦者・マキ上田のWWWA世界シングル選手権試合の誓約書。

コスチューム・ガウン
costume & gown

長与千種の白のガウン

背中にアルファベットで「CHIGUSA」と入ったシンプルな白のガウン。

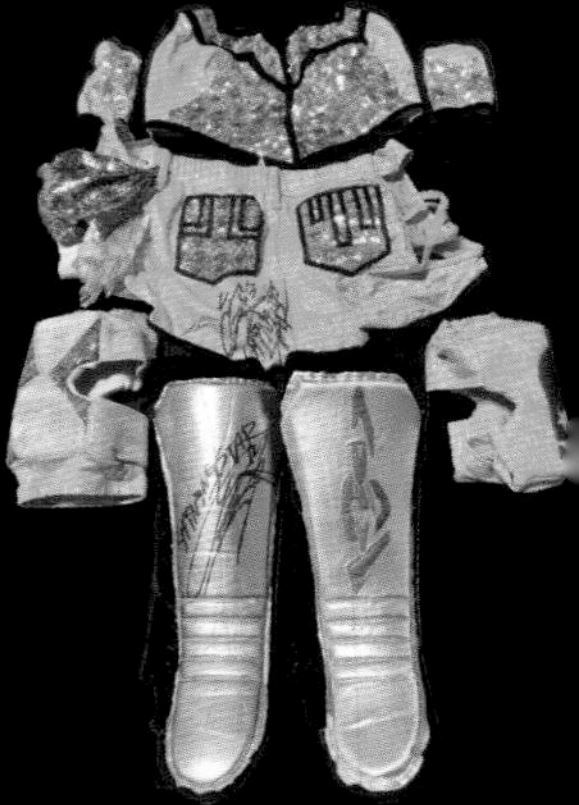

星輝ありさのコスチューム

引退時に選手本人から返還されたもの。各パーツにサインが入っている

長与千種の赤のガウン

見事な龍の刺繍が目を引く赤いガウン。一点豪華主義の潔いデザインだ。

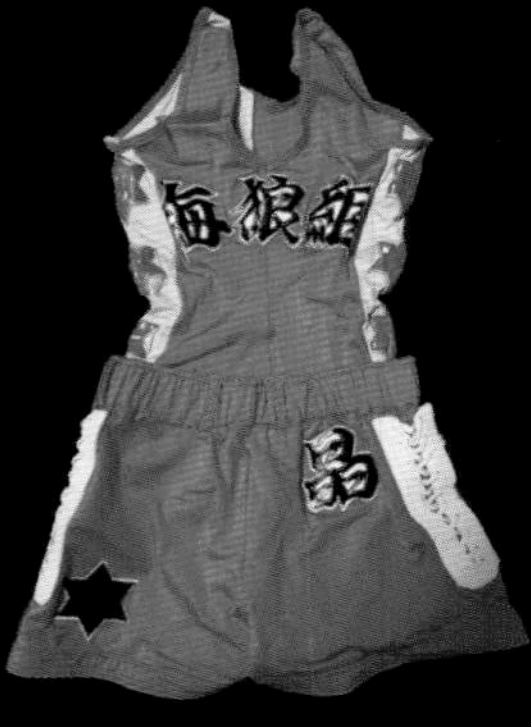

海狼組のコスチューム

北斗晶とみなみ鈴香のタッグのコスチューム。これは北斗晶のもの。

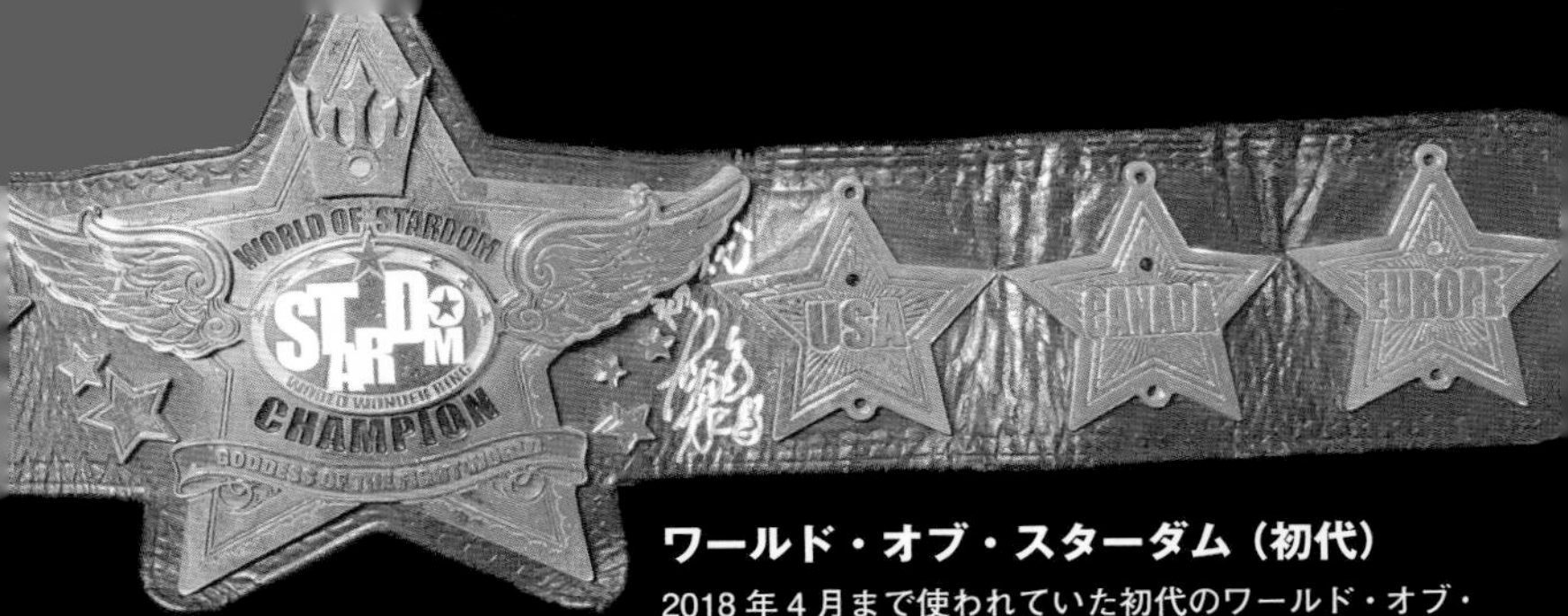

ワールド・オブ・スターダム（初代）

2018 年 4 月まで使われていた初代のワールド・オブ・スターダムのベルト。歴代王者のサイン入り（下写真）。2023 年 3 月現在、二代目のベルトが使われている。

ワンダー・オブ・スターダム（初代）

2017 年 11 月まで使われていた初代のワンダー・オブ・スターダムのベルト。歴代王者のサイン入り（右写真）。

女子プロレスマスク

women's wrestling mask

ラ・ギャラクティカ

ラ・ギャラクティカ

ラ・ブリオーサ

ラ・ブリオーサ

シルバーサタン

ディオサ・アテネア

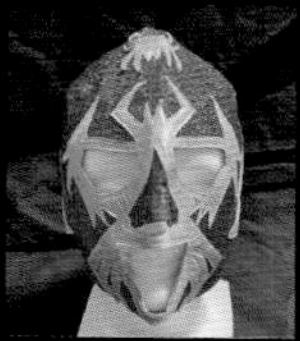
タランチュラ

マスクド・ユウ

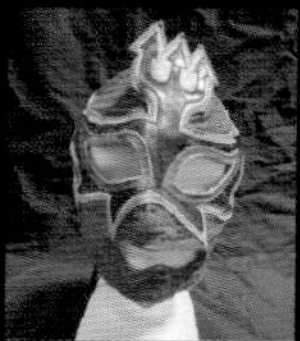
ラ・ディアボリカ

プリンセサ・スヘイ

レイナ・フブキ

ブリザード yuki

noki-A

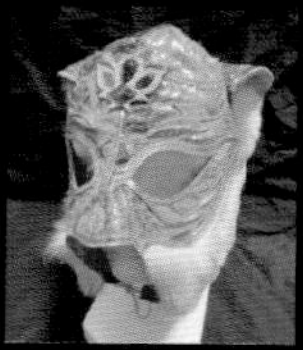
タイガードリーム

紫雷イオ

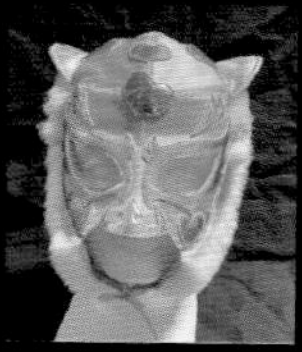
ゆずポンマスク

スターライト・キッド

岩谷麻優

コグマ

スターライト・キッド

紫雷イオ

スターライト・キッド

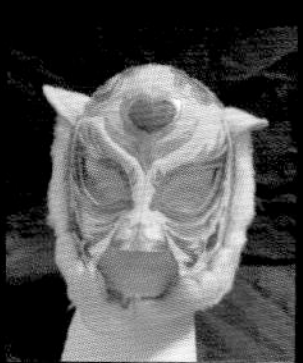
ティグレ FUKA

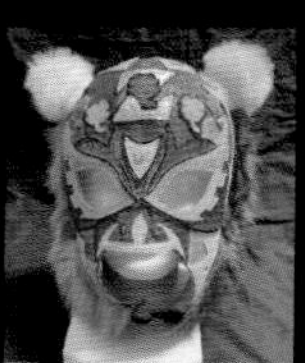
紫雷イオ

スターライト・キッド

パンフレット

pamphlet

初期のパンフ

60年代後半から70年代前半のパンフレット。当初は外国人レスラーが表紙を飾る事が多かったが、マッハ文朱の登場により、変化が生じるようになった（右下）。

ビューティ・ペア時代のパンフ

ビューティ・ペア人気が社会現象になると、パンフレットもビューティ一色になった。

ロッシー小川時代のパンフ

全女に入社してからほどなくしてパンフの編集を担当。雑誌のような、読み応えのある内容を目指した。93年4月の横浜アリーナ大会では、会場だけで1万部も売った。

アルシオン時代のパンフ

パンフレットへのこだわりは、アルシオン時代も変わらない。引き続き編集を担当。表紙はメキシコで買ってきた絵をモチーフにして、全女からの変化を強調した。

女子プロレス本
women's professional wrestling books

①全日本女子関係の書籍

②その他の団体の女子プロレス本

③ロッシー小川／スターダム関連

④写真集（全女）

⑤写真集（その他の団体）

⑥写真集（キューティ鈴木）

⑦写真集（井上貴子）

⑧写真集（アルシオン関連）

プロレスグッズ

women's professional wrestling goods

憧夢超女大戦の進行表

1994 年 11 月 20 日の全女・東京ドーム大会の進行表。表紙にある予定終了時刻は 21 時だが、実際は 23 時過ぎに終了。

全女の新社屋完成記念品

1985 年に社屋を建て増した際に関係者に配られたネクタイピン。

70 ～ 80 年代のグッズ

ビューティやクイーンズ・エンジェルス、ミミ萩原グッズ。ハンカチは未開封品。

全女友の会の会員証ほか

全女友の会の会員証（奥の右から２番目）やサインペン、時計など。

①クラッシュ・ギャルズ関連グッズ

②クラッシュ・ギャルズのプラモデル

③ 90 年代の全女のぬいぐるみ

④海外の女子プロレスフィギュア

⑤ラスカチョと大向美智子のフィギュア

女子プロレスラーのサイン

female professional wrestler signature

全日本女子プロレス ➡

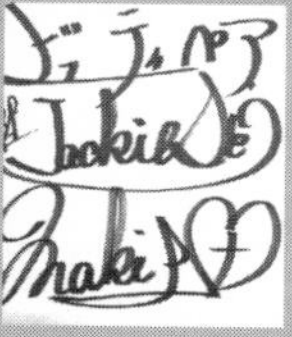

ビューティ・ペア

ジャッキー佐藤

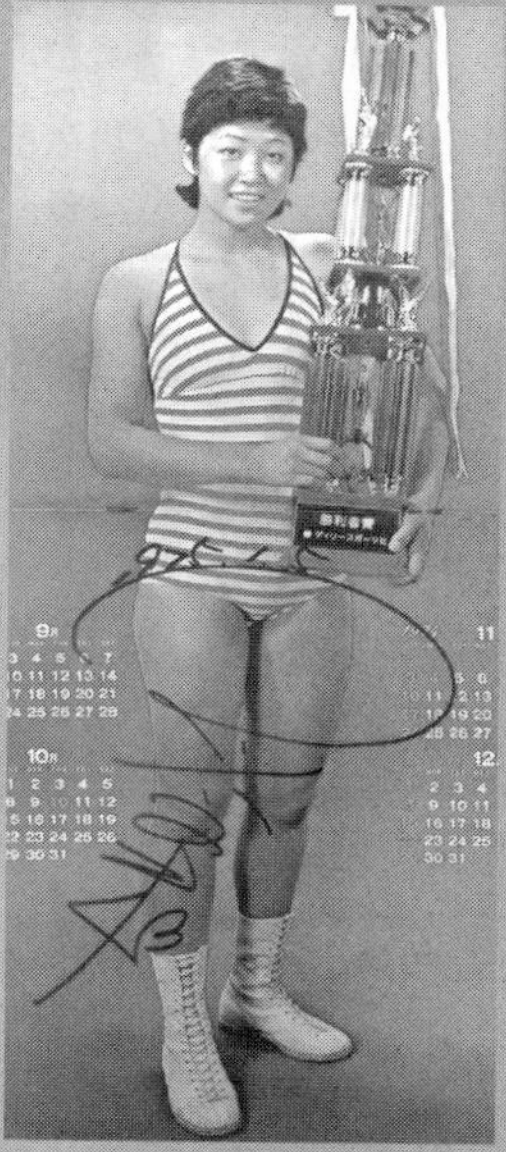

マッハ文朱

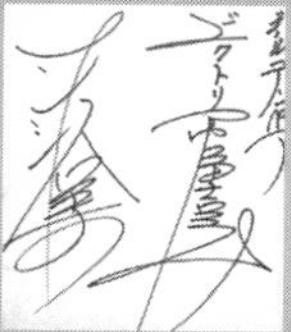

ゴールデン・ペア

クイーン・エンジェルス

池下ユミ

マミ熊野

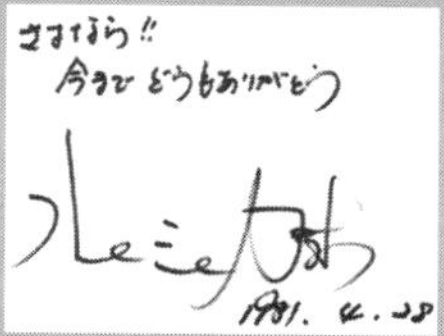

ルーシー加山（引退日のサイン）

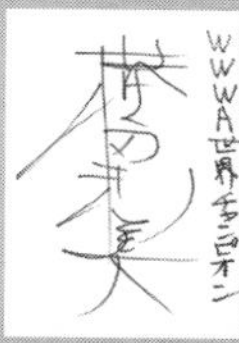

横田利美

ジャガー横田

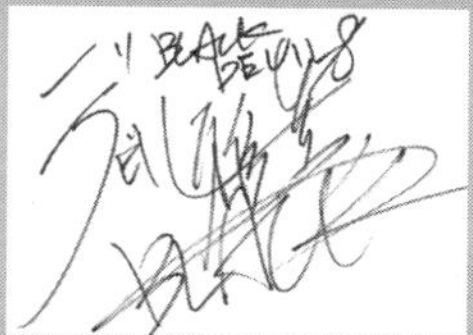

デビル雅美

ミミ萩原

ナンシー久美

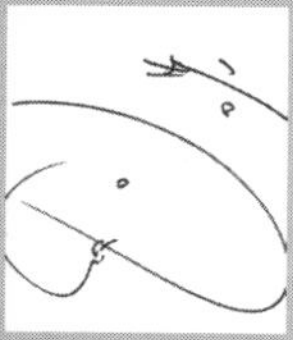

塙せい子

佐々木順子

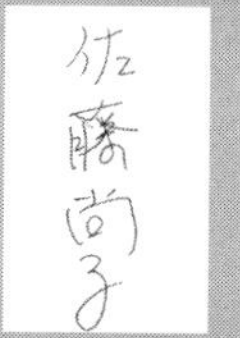

佐藤尚子
（ジャッキー佐藤）

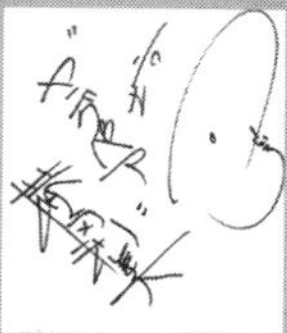

ヤングペア

ラブリーペア

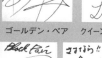

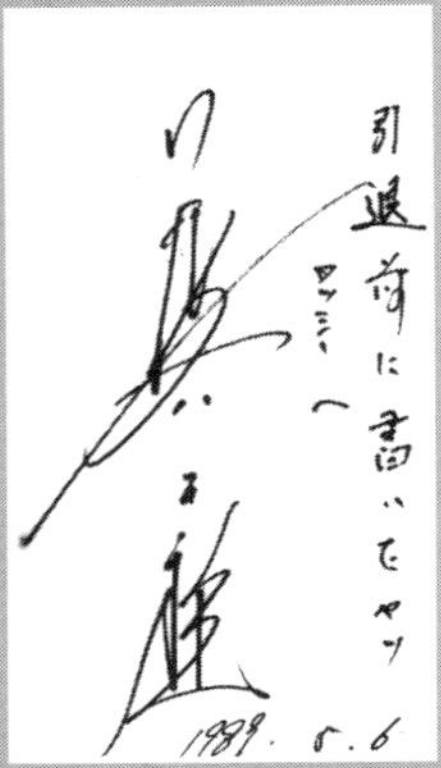

長与千種

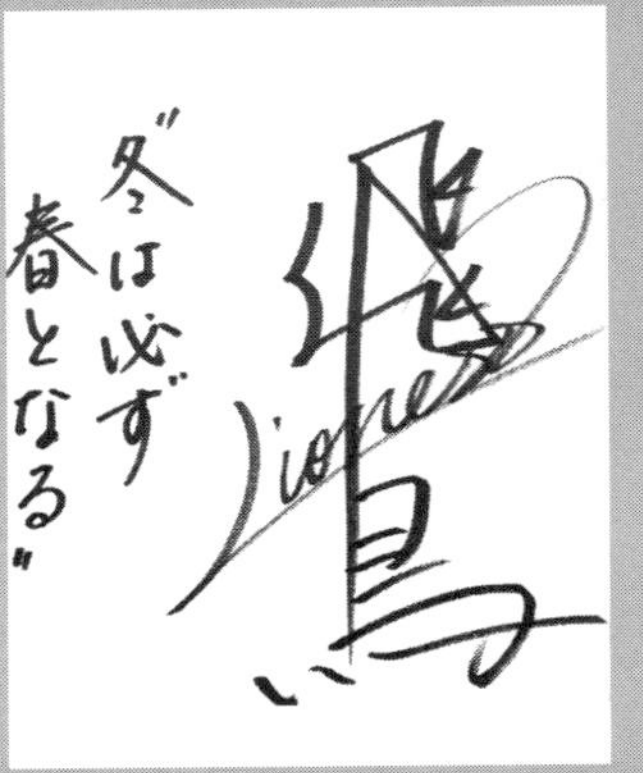

ライオネス飛鳥

大森ゆかり

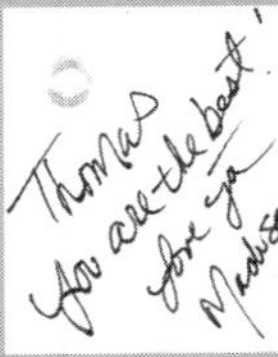

メドゥーサ

極悪同盟

ダンプ松本

クレーンユウ

サソリ

山崎五紀

立野記代

猛武闘賊

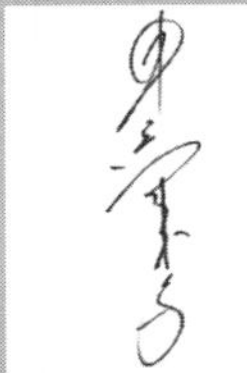

井上貴子

アルシオン →

吉田万里子

大向美智子

AKINO

バイオニックJ

浜田文子

スターダム →

紫雷イオ

愛川ゆず季

岩谷麻優

宝城カイリ（現 KAIRI）

美闘陽子

風香

高橋奈苗（奈七永）

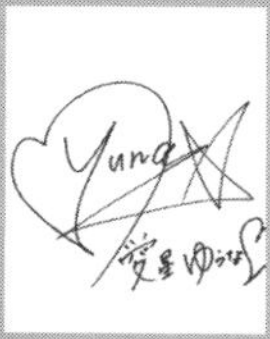

愛星ゆうな

夏樹☆たいよう

安川惡斗

ジュリア

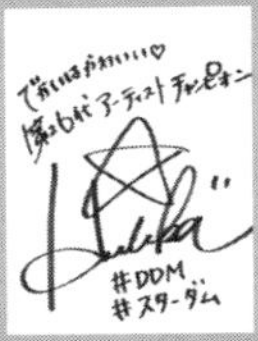

ひめか

テクラ

桜井まい

葉月

コグマ

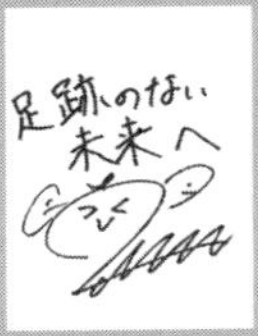

羽南

飯田沙耶

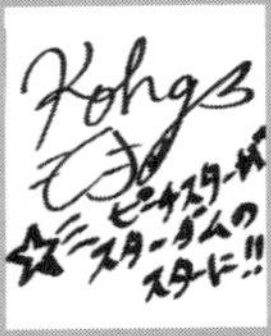

向後桃

刀羅ナツコ

鹿島沙希

渡辺桃

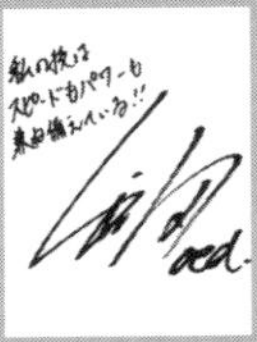
スターライト・キッド

吏南

琉悪夏

フキゲンです★

朱里

MIRAI

林下詩美

AZM

上谷沙弥

レディ・C

中野たむ

なつぽい

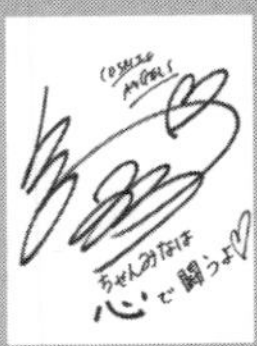

白川未奈

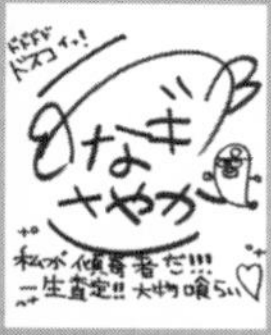

・ウナギサヤカ

月山和香

小波

クリス・ウルフ

〝レメイ〟明日輝

その他の団体 ➡

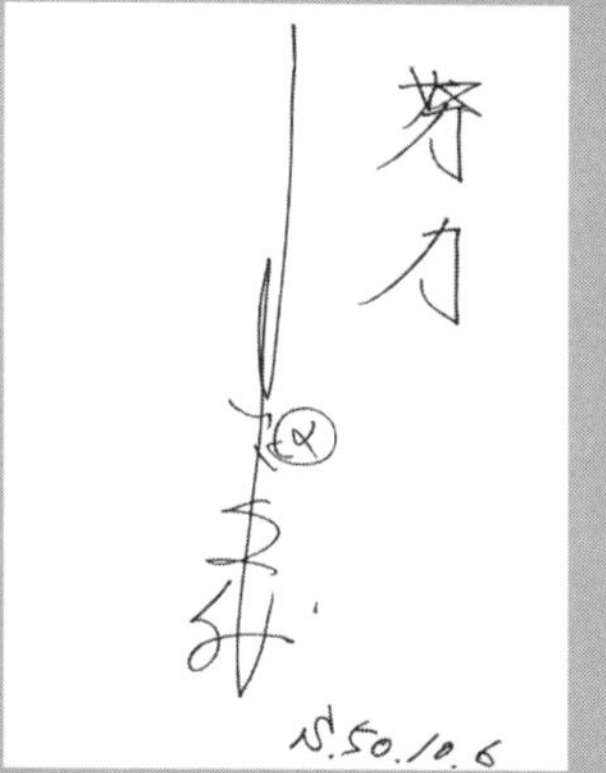

小畑千代

ダイナマイト関西

尾崎魔弓

ボリショイ・キッド

カルロス天野

神取忍

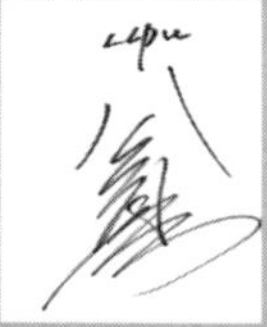

ハーレー斉藤

イーグル沢井

沖野小百合

遠藤美月

アイガー

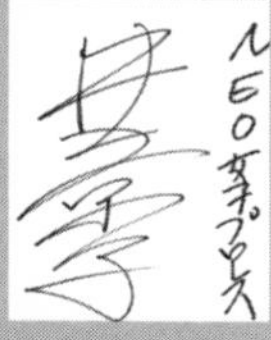

井上京子

タニー・マウス

シャーク土屋

おばっち飯塚

上林愛貴

西尾美香

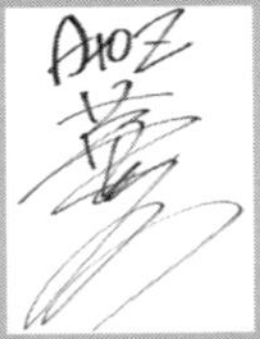
華名

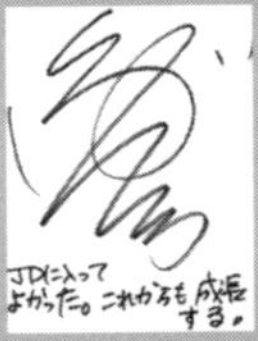
渋谷シュウ

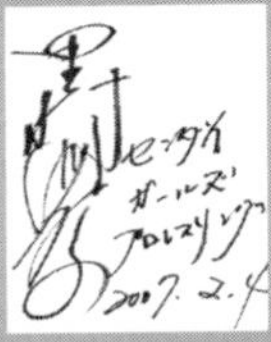

里村明衣子

加藤園子

DASH・チサコ

雪妃真矢

世羅りさ

鈴季すず

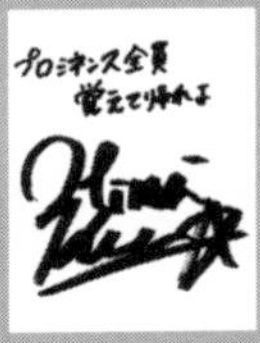
柊くるみ

小石川チエ

水森由菜

雫

尾崎妹加

高瀬玲奈

梅咲遥

ななみ

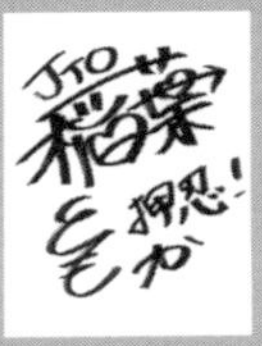

稲葉ともか

Aoi

rhythm

世志琥

ラム会長

彩羽匠

小橋マリカ

HIROKA

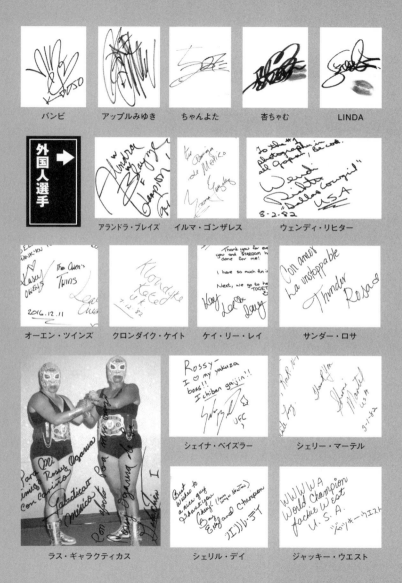

バンビ

アップルみゆき

ちゃんよた

杏ちゃむ

LINDA

外国人選手 ➡

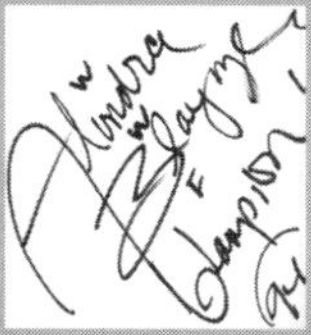
アランドラ・ブレイズ

イルマ・ゴンザレス

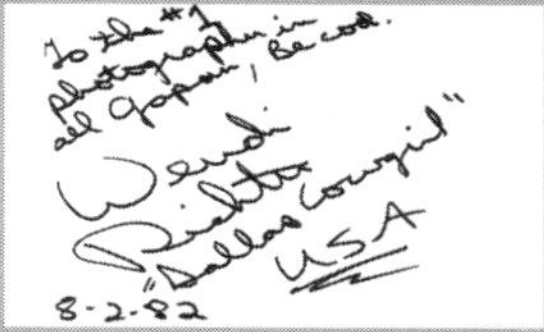

ウェンディ・リヒター

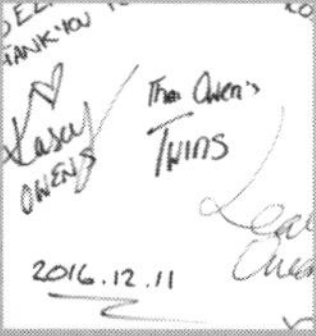

オーエン・ツインズ

クロンダイク・ケイト

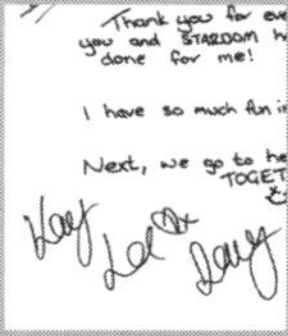

ケイ・リー・レイ

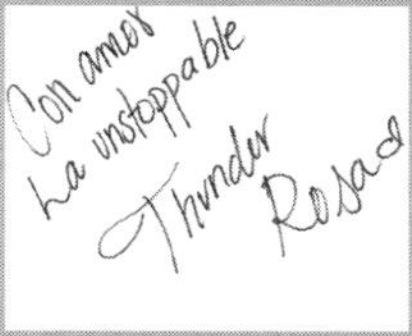

サンダー・ロサ

ラス・ギャラクティカス

シェイナ・ベイズラー

シェリー・マーテル

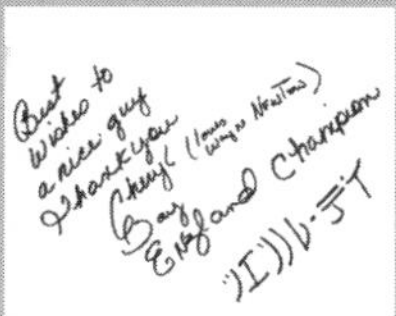

シェリル・デイ

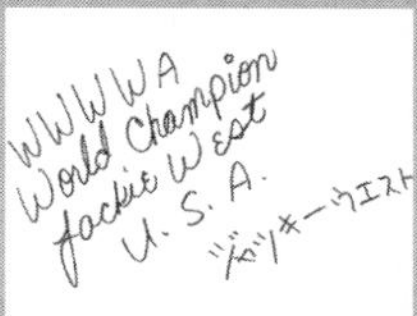

ジャッキー・ウエスト

ダーク・エンジェル

チェルシー

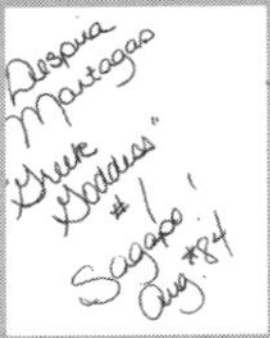

デスピナ・マンタガス

トニー・ストーム

トニー・ローズ

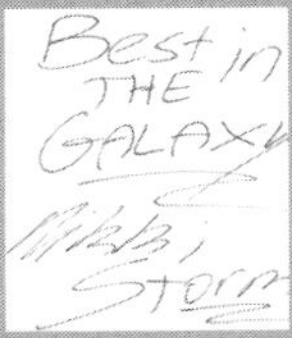

ニッキー・ストーム

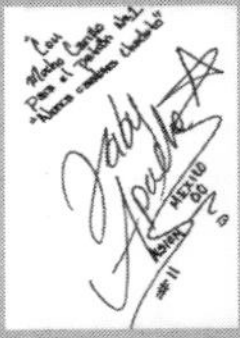
ファビー・アパッチェ

プリンセサ・スヘイ

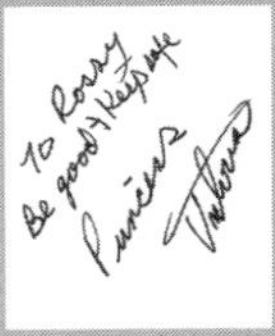

プリンセサ・ビクトリア

ベティ・ニコライ

ベルベット・マッキンタイヤー

ポーラ・ケイ

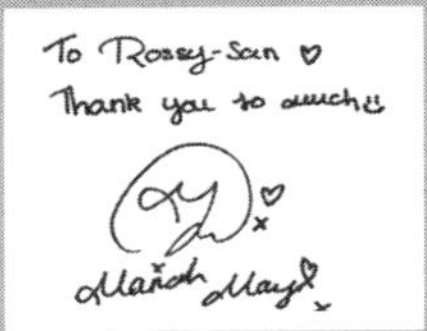

マライア・メイ

ジョイス・グレーブル（左）、ビッキー・ウィリアムス

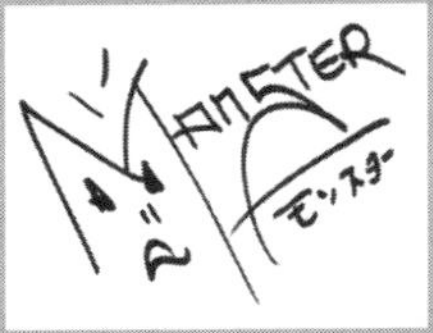

モンスター・リッパー

ラ・ブリオサ

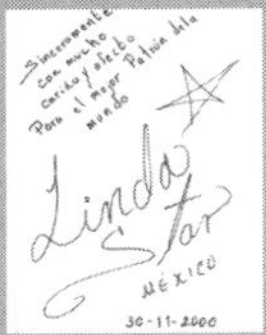

リンダ・スター

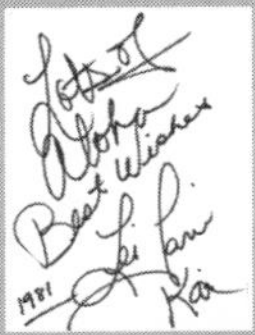

レイラニ・カイ

ローラ・ゴンザレス

第五章 アルシオン、その理想と現実

アルシオンという理想郷

全女の大量離脱により誕生したアルシオンは、これまでの女子プロレスの概念を変えるところからスタートした。

目指したものは2つあった。まずひとつは、新世代を中心としたリングを創り上げることだ。極端な話、ジュニアオールスター戦を凝縮したようなものを青写真として思い描いていた。昔から女子プロレスの一番の魅力は若さにあったが、多団体時代の影響で選手のキャラクターが重宝されたため、新陳代謝が十分にできない状況になってしまっていた。それを変えたかったのだ。

そして、もうひとつがプロレスの再構築である。プロレスの基本に立ち返り、技術としての女子プロレスを深く学び、リングの上で披露するという形を取り戻したかった。必要なのはプロレス頭のフル回転だ。パンクラスで総合的戦法を習い、バトラーツでよりプロレスに近づき、ルチャリブレの空中戦までも取り入れる。これは自分自身が理想とするプロレスの誕生を意味していた。何よりも話題に事欠かない。

私はプロレスではなく、〝ハイパー・ビジュアル・ファイティング〟というジャンルを本気で開拓しようとしていた。アルシオンはプロレス人生の集大成であったから、どんなに借金を重ねようと真っ直ぐに突き進んでいった。アルシオンを選手たちの再生工場であり、ルーキーたちが輝く磁場にしたかった。だから、高らかに引き抜き宣言をし、有望な新世代の選手を次々と入団させた。大向美智子、府川唯未、キャンディー奥津は若手から脱皮し、吉田万里子は別キャラに変身していった。浜田文子、AKINO、藤田愛のスーパールーキーも輩出した。一時は全女やGAEA JAPANと並ぶ、第3の団体をキープしていた時期もあった。

業界生活20年で培った理想を掲げ、多くの現実に押しつぶされた日々を繰り返した。プロレス団体は会社組織でもある。経営能力がない中で勢いだけはあったが、まだ40代になったばかりの私には人をまとめる力は身に付いていなかった。旗揚げ当初は理想に燃えてアイデアが湯水のように湧き出てきたが、やはり余裕がなくなると閃かない現実。アルシオンはたった5年で幕を閉じたが、非常に長い5年でもあった。それでもアルシオンは新しいことをたくさんやっていた。やり遂げることはできなかったが、ひょっとしたら早過ぎたのかもしれない。

アルシオンがなくなり、私は時にはブッカーとして、時にはプロデューサーとして、時にはマネージャーとして女子プロレスに関わってきた。アルシオン末期から数年間は私にとっては暗黒時代だった。もがいても、もがき切れない苦しさがあった。それでも女子プロレスから離れなかったのはなぜなのか。

意地なのか、執念なのか、はたまた夢の続きを見たかったのだろうか。

吉田万里子

初代クイーン・オブ・アルシオンに輝いた団体の象徴

全女時代はルチャの飛び技を得意としていたから、私はユニバーサルプロレスに出場させたりメキシコ遠征にも連れて行った。ＣＭＬＬ世界女子王者のレディ・アパッチェがＣＭＬＬ ＪＡＰＡＮツアーで来日した時にはベルトに挑戦させて、タイトル保持者にもなった。

全女が経営危機に陥った時、私は新団体アルシオンの設立に走り回った。まず府川由美と玉田りえを確保したが、どうしても欲しい存在だったのが吉田万里子だ。なぜ吉田万里子かと言えば、松永兄弟が吉田批判をしていたことを耳にしていたからだ。全女にいても吉田の上がり目はない。私はそう感じていたし、ならば新しい団体で生まれ変わってほしいとも考えた。

吉田はアルシオンに入ると怪我で欠場している間に肉体改造に着手し、試合スタイルも妥協なきサブミッション戦士に豹変した。吉田の強さを売り物にする試合ぶりに、「堅い（痛い）」という批判もあったが、あえて黙認した。そして吉田は初代クイーン・オブ・アルシオン王者になり、新しい景色を描いたのだ。

浜田文子や大向美智子がアルシオンのシンボルならば、吉田はトゥルーハートと称されたアルシオンの象徴。そんなアルシオンも団体経営が傾き、元全女軍団と合併する話で合意する。

吉田万里子（よしだ・まりこ）…1970年生まれ、163㎝、65kg。88年に全女でデビュー。92年にメキシコに短期遠征し、ルチャを習得する。同年10月、頚椎損傷で約２年にわたって欠場。その間、UWFインターナショナルを見て、関節技に開眼する。97年に全女を退社し、アルシオンに参加。サブミッション主体のスタイルに生まれ変わり、数多くのタイトルを獲得。03年にアルシオン解散後はAtoZに移るが翌年離脱、以後、自主興行「息吹」を主宰するなど、フリーとして活動。2017年に新宿FACEで引退興行を行った。

⬆アルシオンに加入後は、肉体をシェイプし、イメージを一新。

➡サブミッションを主体にしたレスリングで、アルシオンの象徴になった。

⬆97年２月にはレディ・アパッチェと対戦

⬅ＣＭＬＬ世界女子王座を獲得した

最後の大会（2003年5月24日、ディファ有明）で、吉田はサンボ世界選手権銀メダリストの藤井惠と対戦。アルシオンが目指していた格闘芸術を作り上げてくれた。アルシオンが崩壊する時には何人かの選手には恨みを買ったが、「私は恨んでいませんよ。アルシオンでは楽しませてもらったので……」と声をかけてくれた。全女から連れてきた府川と玉田も同じだったと思う。

指導力があり、面倒見が良かった吉田はその後「息吹」という若手を全面に押し出すイベントを立ち上げた。今は地元の広島に戻り、体幹体操を指導しているという。

浜田文子

すべてが規格外だったスーパールーキー

新団体アルシオンを設立し、やはり生え抜きの新人を育成していくことが重要だという一念でスカウトしたのがグラン浜田の四女、浜田文子だ。文子とはメキシコの浜田家に行くたびに顔を合わせていたから、存在自体は知っていた。文子は16歳になっていたが、アルシオンのコーチだったディック東郷に依頼して入門を実現させた。父親の浜田さんとはユニバーサルプロレスからの顔見知りであり、旗揚げ前だから会社の状況を心配していたが、そこは真摯に考えを伝えた。

旗揚げの準備段階から文子は練習に参加していて、非凡な才能を覗かせていた。事実上の旗揚げ

浜田文子(はまだ・あやこ)…1981年生まれ。162㎝、65㎏。グラン浜田の四女として誕生。98年にアルシオンに入団、デビュー前から専門誌の表紙を飾るなど注目され、1年足らずでクイーン・オブ・アルシオン王座を獲得。一躍、エースの座に躍り出たが、02年に突如退団。以後、フリーとしてGAEA JAPANに参戦した。03年には全女・横浜アリーナ大会で中西百恵を破り、WWWA世界シングル王座を獲得。その後は日本、アメリカを行き来していたが、18年に薬物事件を起こして引退を宣言。その後、母国のメキシコでマットに復帰している。

↖⬆関節技や飛び技など、すべてにおいて高いレベルにあった。

⬅アルシオンの未来を託した存在だっただけに、02年の退団は残念だった

メンバーであり、文子には新団体のエースとなる宿命があった。

デビュー前から週刊プロレスのビデオ撮影でメキシコ→ハワイに飛び、デビュー直前にはメキシコからグラン・アパッチェをコーチとして招聘。日本スタイルを実父から学び、ルチャの仕上げをアパッチェが敢行した。文子のデビュー戦はキャンディー奥津を相手にセンスの良さを見せつけた。文子は順調に育った。私はデビューから3年以内に団体のトップにさせようと計画を立てていた。3年目に入った2000年には恒例トーナメントに優勝し、年末には団体最高峰のクイーン・オブ・アルシオンのベルトを掌中に収めた。

しかし、文子に対する周囲の軋轢は相当なものがあった。メキシコ生まれのいわば外国人だから、日本の慣習にはそもそも馴染みがない。誰もがジェラシーを抱いていただろう。それらが積み重なった結果、文子は選手間のトラブルが原因で退団することになってしまったのだ。

文子は新間寿恒（元ユニバーサル代表）のもとに走り、プロレス活動を続行した。全女の35周年大会の横浜アリーナでは中西百重を破り、WWWA世界シングル王座を奪取。その後はGAEA JAPANに移籍したり、WAVEにも在籍した。サラブレッドの文子だったが、その後、薬物に手を出してWAVEから解雇された。現在はメキシコに帰り、実父の浜田さんと一緒に暮らしながら、ルチャドーラとしてまだ活動中だ。

人生、何が起きるかわからない。あんなに若かった文子ももう40歳を過ぎている。

府川唯未

生まれ変わったアイドルレスラーの意地

団体対抗戦の全盛期に玉田りえ（凛映）とのタマフカで人気者になった府川由美（唯未）は、全女では珍しい弱さを売り物にしたアイドルだった。

この時代には玉田やチャパリータＡＳＡＲＩのような比較的小柄な選手が入団していた。その中で最もファンの支持を集めていたのが府川で、圧倒的な強さを誇示する全女にあっては不思議な存在。それでも府川は「強くなりたい、舐められたくない」そんな気持ちに満ちていた。

１９９７年の春にタマフカとセブ島に撮影旅行に行った際、２人から「全女を辞めたい……」という話を聞いた。当時の全女は経営が切迫していて、給料の遅配や未払いは日常茶飯事。選手間もギスギスしており、若手選手には居心地の悪い環境だった。

それからタマフカとは何度も理想の団体を語り合い……、私たちが辞めるXデーがやって来た。１９９７年8月20日、日本武道館。タマフカはシャーク土屋＆クラッシャー前泊に敗れた。試合後、府川はマスコミの囲み取材で「全女退団」を表明。その夜は代官山のデニーズで作戦会議をして、我が家に居候させることになった。人気者の府川は全女にとっては原石だったから、簡単には辞めさせてはくれない。もう強行突破するしか道はなかった。愛犬キャンディーも連れて来て、急場の

府川唯未(ふかわ・ゆみ)…1976年生まれ。152㎝、54㎏。93年に全女の新人オーディションに合格。同年デビューするも２戦目に鎖骨を骨折。１年５か月の長期間欠場に追い込まれる。97年にタッグパートナーだった玉田りえとともに全女を退団。アルシオンの旗揚げに参加し、リングネームを本名の「由美」から「唯未」に改めた。大向美智子との「ナチュラル・ツインビー」などで活躍するも頭部のケガが原因で引退を表明。01年3月20日の後楽園、満員札止めの観衆に見守られて引退した。

玉田りえ(左)とのタッグでも活躍➡

➡大向美智子(左)とナチュラル・ツインビーを結成

⬅満員のファンに見送られて01年3月に引退した

共同生活が始まった。その後、アルシオン設立で府川は一之江のアパートに越して行った。

真新しい道場で生まれ変わろうとした府川は、ディック東郷の教えの元でムーンサルト・プレスをマスターした。「ルチャは度胸」という東郷の言葉で躊躇なく飛んだのだ。

大向美智子

アルシオンをリードした〝エゴイスト〟

20年も勤めた全女を退社し、新団体設立に動いていた私はこれまでにない新しいイメージのプロレスを模索した。やるからにはトップ団体にならなければ意味はない。各団体の人気のある若手を集めたらと、まるでファンが空想するような理想郷を描いたのだ。

そんな時、「大向美智子が辞めたがっている」という確かな情報を得た。15歳の時に全女でデビューした大向は、ＬＬＰＷに移りこの時点で22歳。これからが飛躍する年齢とキャリアに差し掛かっていた。１７０センチを超える長身とビジュアルは私が考える女子プロレスのエースの条件を満たしている。ヘッドハンティングとあえて宣言して、アルシオンに入団したがこれは業界内に物議をかもした。

旗揚げ2年目になると、半ば強引に大向の素質を引き出し、アルシオンの聖戦だったトーナメントで優勝。選手間ではかなり軋轢があったが、本人はやる気充分だから押し通すしかない。

高々と吊り上げて落下させるパワーボムをマスターし、これを「ビッグ・バン・ボム」、Ｂ２ボムと名付けた。立場が意識を変える、大向はアルシオンのエースに近づいていた。ゼネラルマネージャーに抜てきし、会場への移動も私が運転する車で、いろいろレクチャーしながらトップの道を伝えてきたのだ。

だが、アルシオンの経営が傾くと生活問題に差し掛かり、仕方なく退団して行ってしまった。その後、「M's Style」を結成し代表者にもなったが、２００７年になると引退を決意。私は本人の希望もあり、アルシオン流のセレモニーだった記念ガウンを作り、リング上で贈呈。その時には女王の証、クイーン・オブ・アルシオンのチャンピオンベルトを手渡した。私が手掛けたアルシオンは大向の引退で正式な幕を閉じたのだ。

結婚して山口県に嫁ぎ、２人の子宝にも恵まれた。上京してくれば食事をしたりもする。アイドルを目指す長女は10歳の時に学校で「将来は女子プロレスラーになる！」と宣言したとか。まだ中学生だが、いつの日か親子二代でプロデュースできれば、それが私のこの仕事における最後の花道になるだろう。そんな日を楽しみにしているが、母親は未だにローカル・プロレス団体でセコンドに着きながら蹴り飛ばしているそうだ。

〝エゴイスト〟は45歳を過ぎても健在のようだ。

大向美智子(おおむかい・みちこ)…1975年生まれ。171㎝、60kg。中学卒業後、91年に全女に入団。翌年デビューするが、ケガもあり直後に引退。93年、LLPWに入団を直訴し、再デビュー。アイドルレスラーとして人気を集めたが、ロッシー小川のヘッドハンティングを受けてアルシオンに参加。99年にシングルトーナメントを連覇しブレイク。02年にライオネス飛鳥を破り、クイーン・オブ・アルシオン王座を獲得した。03年、経営難のアルシオンを退団。以後はフリーとして活動した。07年に結婚を発表、12月自主興行で引退した。

⬆1996年5月18日の第一回ジュニア・オールスター戦にも出場(前列右から2番目)

⬆藤田愛とサイバージャンクスを結成

⬅感情表現豊かなプロレスが持ち味だった

藤田愛

衝撃のファイヤーバード・スプラッシュ

吉本興業のお笑い養成所NSC出身で学生時代は体操の選手だった藤田愛は、プロレスラーとタレントの二刀流を目指し、吉本女子プロレスJd'でデビューする運びだった。大きな規模のプロジェクトが組まれメキシコ修行でデビューし、エリートコースを歩むはずだったが、Jd'とはソリが合わなかった。アルシオンの会場には旗揚げシリーズから何度も観戦に訪れて顔見知りになっていた。私は藤田愛獲得のために話し合いの席を設け、これから先の未来を語ったのだ。藤田愛は快く応じてくれ、アルシオンを選択した。

彼女は先輩に可愛がられ、誰とでも上手くやっていけるタイプ。日焼けの効果か、〝ガン黒天使〟というキャッチフレーズが付いた。90年代後半はギャルが顔を真っ黒くメイクしたガン黒が流行っており、藤田愛は先端を歩くことになった。体操出身だけに身のこなしは軽く、メキシコ修行でルチャを学んだことが活かされた。アルシオンのデビュー戦でいきなり、ファイヤーバード・スプラッシュを公開し斬新な初陣を飾る。WWWA世界スーパーライト級王座決定戦では全女の納見佳容を破り王者になったり、大向美智子とサイバージャンクスを組むなどタッグ戦線でも活躍。堅実な性格だったから、けっして無茶はしないし、嫌われない。アルシオンが経営難のため堀田祐美

藤田愛（ふじた・あい）…1976年生まれ。160㎝、58kg。単身メキシコに渡り、闘龍門などで修業。現地でデビューした。日本に帰国後はアルシオンに所属。99年4月14日の後楽園でファイヤーバード・スプラッシュを披露し、衝撃の日本デビューを飾った。01年にはボクシングにも挑戦、以後、打撃に開眼し、オープンフィンガーグローブを着用して試合をするようになる。02年には大向美智子とのタッグで団体のタッグ王座を獲得するなど、タッグ戦線で活躍。04年に自主興行を行い、引退した。

⬆99年にはキャンディー奥津（右から２人目）プロデュースのユニット「CAZAI（キャッツアイ）」に参加。CDデビューもした。

⬆デビュー当初はアイドル風（上）だったが、次第にワイルドな風貌へと変貌を遂げた。

子や下田美馬ら元全女と合体して、新団体AtoZを結成した際には、所属選手はそのままスライド。しかし旗揚げ半年後にはアルシオン勢は大半が去っていった。

藤田愛もその一人で、それから数か月を経て引退。元アルシオンのメンバーに囲まれての最後だった。つまりアルシオンの生え抜きである藤田愛は、アルシオンが消滅したことをきっかけにリングを降りたことになる。

その後は地元の岐阜に戻り結婚、3人の女の子の母として奮闘する。名古屋にスターダムが行くと娘を連れて観戦にきてくれている。高校に入学したばかりの長女は、プロレスに興味を持っているそうだ。彼女はタレントでも通用しそうな美少女。大向美智子と藤田愛の娘がタッグを組めば前代未聞の、これぞ本当の2代目チーム。これは今後における私の大きな夢の一つでもある。

華名　アルシオンからWWEのスーパースターへ

今やWWEのロースターとして大活躍するASUKA（当時は華名）は、もともとアルシオンの入門希望者だった。

デザイン会社に勤務していたOLが履歴書を送ってきたときは、すでに私はアルシオンの解散を決めていた時期だった。大阪にあったフェスティバルゲートで簡単なテストを行い合格させたが、ことの詳細は上京してから伝えればいいと判断。私は上京した彼女を道場があった瑞江駅まで迎えに行き、アルシオンがなくなりAtoZという新団体に移行した事実を伝えたのだ。

それから練習生になり約1年後にデビューした。なぜ1年も要したかと言えば、団体のトップだった堀田祐美子と下田美馬が運営に悪戦苦闘していて、新人のデビューまで気が回らなかったからだ。浦井佳奈子から華名となり、ハツラツとしたボディと強気のファイトは早くから注目されていた。3か月後に初の個人イベントを開催した時は、50名を超えるファンが道場に押し寄せた。このイベントのメイン企画は、華名が振舞うちゃんこ鍋。華名は料理名人でもあり、隠し味に酒粕を入れたちゃんこ鍋は美味しかった。

華名(かな)…1981年生まれ。160㎝、62㎏。15年、WWEと契約し、リングネームを「ASUKA」に変更。NXT女子王座を皮切りに数々のタイトルを獲得。20年にはロウ女子王座を奪取し、女子史上2人目のWWEグランドスラムを達成した。

その後は順調に成長していったが、2年目に入ると先輩からの風当たりが強くいつも試合後に目を泣き腫らしていた。「もう辞めたい!」が口癖でそれをなだめるのも私の役割だった。一度、プロレス大賞の授賞式に華名と未来を連れて行き、北斗晶に紹介したことがあった。それを北斗は覚えていて、「ロッシーが連れてきたあの時の子がＷＷＥで活躍しているんだよね」と言っていた。

華名はその後、デビュー2年足らずで引退。1年半後には再びプロレス界に戻ってきて、「また私の面倒を見て欲しい」と言ってくれた。この時、私は風香のプロデュースをしており、風香祭を開催したりと時間の多くを割いていたから、華名のことを十分に考える余裕はなかった。だから私から離れて行くのはごく自然な成り行きだった。

スターダムになってから、愛川ゆず季&美闘陽子 vs 華名&栗原あゆみを実現させようと画策したが、夢物語に終わっている。

華名のその後は紆余曲折ありながらも、世界のＷＷＥの顔にまで大躍進した。カイリとのカブキ・ウォリアーズがスターダムで再現できたら、私にとっては感無量である。

風香

女子プロレスの未来をつないだ00年代を代表するアイドルレスラー

AtoZ時代の末期、ＪＤスターとの提携により通常興行を止めて、ＪＤスターの新木場大会中心にシフトチェンジしてから風香と出会った。

風香はJDスター所属の人気選手で、団体から特別扱いされていた。試合出場の有無を風香に委ねていたのだ。嫌なことはさせない、という徹底した育成方法は全女育ちの私としてはあり得ないことだった。

風香の人気は格別でJDスターの主宰する格闘美におけるお姫様のよう。そんな風香のために私は新しいチャンピオン・ベルトを作った。それがPOP（Princess of prowrestling）である。いわば若手のタイトルであり、格闘美の大会で2か月かけてリーグ戦を開催し、風香が初代王者に君臨した。この王座は各団体を周り、センダイ・ガールズを経て、現在ではPURE-Jが保有している。

私がJDスターで働いてから1年半が経った頃、興行担当の小林大輔が「これ以上続けて行けない」とギブアップをした。これにより風香は闘うリングがなくなった。「私のプロデュースをしてください」という風香の頼みと私の考えが合致し、風香祭が生まれたのである。

風香祭は、風香を主役にした風香によるイベント。それまで風香とはそれほど親しくはなかったが、イベントを成功させるには風香をワンランクもツーランクも上げなければならない。だいぶ負けが込んでいた対戦成績を見て「引退するまでには5分に持っていくから（笑）」と述べたことがある。それはそうだろう。風香を唯一無二のスターにしなくては私が手掛ける意味はない。

それでも風香はあまり試合をしたいタイプではなかった。3か月に一度の割合で風香祭を開催し、その間は招聘された団体に参戦する。私は常に帯同しグッズ制作から販売も行っていた。いつ見ても風香のグッズ売店が一番賑やかだった。

私はすぐにでも後楽園ホールで風香祭をやりたかったが、風香は石橋を何回も叩いて渡る慎重な人。常に満員の動員を意識していたから、確実な場所でとイメージを作っていた。それでもそんな関係が3年近くも続いた。風香からは引退する1年前にその旨を聞いていたから、覚悟はできていたが、私は特に次の仕事を考えることもしなかった。

引退試合は2010年3月28日、後楽園ホール。引退でようやく後楽園に到達したのである。私は引退興行に付加価値をもたらすために、メキシコからダーク・エンジェル、プリンセサ・スヘイ、HIROKAを呼んだ。ダーク・エンジェルはトラブルで来日が遅れたが、私は採算度外視で豪華にすることを選択したのだ。

ところが後楽園を借りている時間内ではグッズ売店ができない。水道橋駅付近にあるフィットネスショップをお借りして、路上でツーショット撮影会を実施したのだが……人が溢れすぎて店にはだいぶ迷惑をかけてしまったのだ。そんなこんなで風香には引退試合のギャラとして150万円を支払った。

これで風香との関係が終わったかのようだったが、スターダム設立でまたコンビを組むことになるのだから、プロレスはおもしろい。

風香(ふうか)…1984年生まれ。157㎝、49kg。実兄はDDTに所属していたプロレスラーの柿本大地。04年にJDスターでデビュー。JDスター崩壊後は、ロッシー小川プロデュースの風香祭を開催。POP王座を獲得するなど、00年代を代表するアイドルレスラーとして活躍した。10年に引退。翌年、旗揚げしたスターダムに参画し、GMに就任。岩谷麻優をはじめ、多数の選手を育成した。その後、2022年8月にActwres girl'Zのアドバイザーに就任。辣腕を振るっている。

⬆スターダムではGMとして選手を育成

⬆自主興行・風香祭をプロデュースした

⬆総合格闘家の藤井恵選手(右)と

➡2006年6月24日の「格闘美～Future～」(新木場1stRING)のトーナメントを制し、初代POP王座を獲得した。

ロッシー小川が選ぶ「アルシオン時代」の名勝負

1998年2月18日、後楽園ホール
◆アルシオン旗揚げ戦

府川唯未 vs キャンディー奥津

私が全女を退社して作った団体がアルシオンだ。

全女在籍の末期は給料の遅配もあり、選手が次々に抜けていった。私自身は松永会長が亡くなるか、全女が無くなるまでは骨を埋めるつもりでいたが、業績が悪くなると外様の我々は居づらくなる。それは全女が松永4兄弟を軸とした同族会社だからだ。

そこには会社の規則規約はなく、全て松永兄弟のさじ加減。松永兄弟は独裁者であり絶対的な存在だったから、私のような血縁関係のない者はコツコツと実績を積み重ねるしかなかった。

全女には都合19年8か月在籍した。給料遅配が1年近く続く中で、私はタマフカ（玉田りえ&府川由美）と春先からなんとなく理想の団体を妄想していたものだ。

アルシオンの旗揚げ戦（1998年2月18日、後楽園ホール）

それが具体化したのは次々と選手が辞めていく様を見ていたからだ。井上京子が大半の選手に声をかけて新団体設立に動き出した。それを聞いた私たちも行動に出た。全女からはタマフカと吉田万里子だけを誘った。理想の団体は新しい戦略が中心でなければならない。だから第二の全女であっては成功しないと踏んでいたからだ。

ＬＬＰＷにいた大向美智子が退団し、我々の元にきてくれたし、引退したばかりの元ＪＷＰのキャンディー奥津も復帰してくれた。お金はなかったが、夢や理想だけは語り切れないほどあった。約半年間の潜伏期間を経て新団体は動き出した。

団体名はアルシオン。ラテン語を掛け合わせた造語だ。格闘芸術を魅せる楽園みたいな意味を持たせた。まずパンクラスに出稽古に行き格闘技の技術を学んだ。それにルチャリブレの空中殺法を合わせたオールマイティなスタイルを模索していた。ルチャ

府川唯未がムーンサルトで舞った

のコーチはディック東郷が買って出てくれて、道場で極意を指導してくれた。「ルチャは度胸」という彼の言葉で、何人かの選手がムーンサルト・プレスをマスターした。

その一人が府川だった。旗揚げ戦は後楽園ホールと決まるとチケットは完売になった。新しい団体への期待感は日増しに高まってきた。オープニングマッチは団体の行く末を暗示する。だからプロレスの天才・奥津と変身願望が人一倍強かった府川に決めた。全女時代の府川はそのルックスでアイドル人気が先行していたが、本人は本格派を目指していた。アルシオンは生まれ変わっていける再生工場の役割もあった。

府川と奥津とでは実績に段違いの差があった。ＪＷＰのエース候補だった奥津からすれば、府川はアイドルレスラーに過ぎない。この試合で府川はムーンサルトとヒザ十字固めを初披露した。あの府川が飛んだのだ。勝負タイムは15分時間切れ引き分けに終わった。アルシオンは府川たちのために誕生した団体だが、一足先に飛び出たのが奥津だった。21世紀になると紫雷イオが同様な動きを見せたが、奥津は先駆者だったのかもしれない。

1999年12月11日、横浜文化体育館
◆ツインスター・オブ・アルシオン選手権試合
〈王者チーム〉浜田文子&AKINO vs
〈挑戦者チーム〉三田英津子&下田美馬

アルシオンの創設時、私は次の3つの裏ルールを定めた。

試合において①「張り手の応酬はしない」、②「場外乱闘禁止」、③「流血戦はNG」の3つである。

アルシオンは従来のプロレスではなくハイパー・ビジュアル・ファイティングを謳っていたから、安易に観客を沸かせる行為を排除した。要するに頭で考えて試合を形成するということだ。今のスターダムではコンプライアンスの問題もあり、③の流血だけは禁止しているが、張り手も場外戦も普通にある。

アルシオンにおいていつかはタブーが破られるときがくるとは思っていたが、流血マッチにせよ、それが大きなインパクトを残さなければ意味がない。

そこに現れたのが、井上京子が作ったネオ・レディースを離脱してフリーとなったラスカチョの三田英津子&下田美馬だった。当時のラスカチョはまさに劇薬。卓越した技術を売り物にするアル

浜田文子（左）とAKINO（右）

シオンと昭和の匂いをプンプン感じさせるラスカチョは水と油だった。

ラスカチョ登場で名乗りを上げたのは、明らかに格下のタマフカだった。全女時代は足元にも及ばなかったタマフカだが、アルシオンで生まれ変わった姿をラスカチョにぶつけようとするも玉砕。ラスカチョにストップをかけたのが、アルシオン生え抜きの浜田文子とＡＫＩＮＯの２人だ。

デビューして１年の２人はスーパールーキーの名を欲しいままにしていたが、ラスカチョからすれば井の中の蛙。身体の大きさでもラフの強さでもラスカチョが上手だったが、文子たちはアルシオンを背負っていたから、どんな攻撃にも耐えた。ラスカチョの椅子攻撃で文子とＡＫＩＮＯは血飛沫が飛ぶほどの大流血。耐えに耐えた文子は、コーナーからの浜ちゃんカッター（父・グラン浜田の得意技、コーナーからの雪崩式ダイヤモンドカッター）で下田から電撃フォールを奪取した。アルシオン初の流血試合は生え抜きコンビが涙の勝利となったのだ。天才的なＡＫＩＮＯと天性の文子の動きは、アルシオンが生んだ財産だった。

2002年5月11日、有明コロシアム
◆アルシオンvs全女団体対抗戦

吉田万里子&GAMI with ロッシー小川 vs 堀田祐美子&高橋奈苗

私がプロレスデビューした試合だ。

アルシオンは5年目を迎え、困難に直面していた。この年の1月には選手間のいざこざからエース浜田文子が退団。今後を苦慮していた私は古巣である全女との団体対抗戦を画策した。

当時はGAEA JAPANが台頭していたが、やっぱり全女には老舗のパワーがある。私はあえて中西百重や納見佳容、高橋奈苗たちとアルシオンのAKINOや藤田愛のぶつかり合いに勝負を賭けた。一番旬の闘いを提供しなければ現状打破はできない。全女の渉外担当だった今井さんも乗り気だった。今井さんからの条件は「小川さんがリングに上がること」ただ一つ。そのために堀田祐美子が先頭になって〝小川批判〟を展開した。

「小川憎し」それが堀田、いや全女から与えられたテーマだ。私はこの時点で45歳、まだまだ体は無理が効く年齢だったが、プロレスのリングに上がることはまったくの想定外。堀田はアルシオンの会場に突然やってきては若手の山縣優を拉致してデモンストレーションを敢行する。私が対峙

ロッシー小川プロレスデビュー（2002年5月11日、有明コロシアム）

したが、プロレスラーに敵うわけがない。堀田は私の額にチェーンを叩きつけて流血を狙うが不発に終わった。私はバックステージで「堀田は私を流血することもできないどうしょうもない奴だ！」と挑発した。

有明コロシアムはアルシオンにとっては最大のビッグマッチだ。ＡＫＩＮＯが中西百重のオール・パシフィックに挑戦すれば、藤田愛と納見佳容で空位のＷＷＷＡ世界スーパーライト級王座を争った。玉田は前川久美子と同期対決、バイオニックＪは渡辺智子とパワー激突。そんな対抗戦の中で私は吉田万里子＆ＧＡＭＩと組んで変則タッグに出場した。

プロレスラーではないからタイツは用意しなかった。その代わり結婚式で着用した白いタキシードに白いタイガーのマスクを被って入場することにした。堀田は私に襲いかかってきた。場外で椅子で強打され額から大流血。白いタキシードは血に染まる場面を考えての選択だったが、さすがに椅子で叩かれたときは頭が痛くて仕方なかった。場外でダウンしていた私は試合後半から参加し、最後は堀田からスクールボーイでフォール勝ち。アルシオンのファンは溜飲を下げたのだ。

試合後、バックステージでインタビューを受けた。「マスカラスばりのダイブをやれば良かった」との欲も出たが、それは夢のまた夢。私の試合記事が週刊プロレスに2ページも載った。代表が体を張って団体の威信を賭けたのだから、勝ち名乗りは正直嬉しかった。大会を締めるメインには大向美智子がライオネス飛鳥の持つクイーン・オブ・アルシオンに挑戦する大一番が控えていた。スーツに着替えた私は、勝者の大向に自らの手でベルトを手渡した。飛鳥は後輩にフォールを奪われたことは皆無だったが、大向には負けを許したのだ。65歳になった私はもう満足に動くことは不可能になったから、ある意味で良き思い出である。

2003年5月24日、ディファ有明
◆スペシャルマッチ
吉田万里子 vs 藤井恵

興行不振だったアルシオンは2003年に入り、密かに形態の移行を考えていた。

ちょうどその頃、プロレス団体を作りたいという千葉在住の会社オーナーが現れ、アルシオンを

救済してくれるという話がまとまったからだ。アルシオンの選手とフリーになった元全女軍団を合体させ、新団体を作るということだった。私は一つだけ条件を出した。それは選手を給料で補償するという点だ。

形態移行の全体的なプランが決まる前、アルシオンはディファ有明大会を予定していた。私はそこでの一発逆転を思い描いていた。「ARTISTONE」という大会名を付けて、通常のアルシオンではない特別イベントを企画したのである。

当時、レッスル・ワンなるプロレスと格闘技を融合させた大会が話題を集めていた。宇野薫、ケビン・ランデルマン、サム・グレコといった格闘家にプロレスをやらせていたのだ。その発想を利用して女子でも格闘家をプロレスデビューさせたら面白いんじゃないかと考えたのである。いま思えば、かなり迷走していたものだ。

この時、白羽の矢を立てたのが、サンボ世界選手権銀メダルの肩書きを持つ藤井惠だ。フジメグの愛称を持つ女子格闘技界のレジェンドであり、今ではＲＩＺＩＮの解説者として知っている人も多いだろう。フジメグとは顔見知りだった吉田のツテを頼りに会ってみて、プロレスをやらないかと打診した。フジメグはＡＡＣＣなる格闘グループを率いており、よく大森にあるゴールドジムまで出向いたものだ。幸いフジメグはプロレスに理解を示してくれ、プロレス参戦を了承してくれた。

日刊スポーツの懇意にしていた永井記者にお願いして、フジメグのプロレス出場を大きく扱ってもらった。すでにアルシオンを明け渡し、堀田軍団と合流することが決まっていたため、興行主は

試合後に会場に乗り込んできた堀田軍団（左から阿部、下田、堀田、西尾、北上）

アルシオンではなくなっていた。観客動員はなかなか厳しいものがあったが、吉田vsフジメグはまさに格闘芸術そのもので、最終回にしてアルシオンが目指していた試合をやることができたのだ。

フジメグの仕掛ける見たこともない腕十字やアキレス腱固めの入り方は、私が求めていたアルシオンそのものだった。試合は吉田がプロレス技である逆さ押さえ込みでフォール勝ち。フジメグの立場を尊重した終わり方だった。

試合後には堀田が下田美馬、全女を退団した西尾美香、Jd'を去った阿部幸江、そして全女でデビューしたものの辞めていた北上智恵美（後に未来と改名）がリングを占拠した。

アルシオンのファンにとってはバッドエンドの展開。だが、私としては最後にフジメグをプロレスのリングに上げて団体の終焉を迎えられたことは本望だった。

【特別対談　その2】

大向美智子（元女子プロレスラー）

「アルシオンでの5年は、人生で一番充実した時間だった」

5年にわたるアルシオンの歴史において、ひときわ鮮烈な輝きを放ったのが、エースの大向美智子だった。新団体で理想のプロレスを追い求めた2人は、アルシオン創設から25周年の今、何を語り合ったのか。

聞き手／入江孝幸、写真／大川昇

一見怖そうだったけど、意外と愛想が良かったロッシー

──お二人の出会いは大向さんが全日本女子プロレスに入門された1991年だと思われますが、当時の印象は？

小川　あんまり印象はないね、正直言って。

大向　ひどっ！（笑）まぁ、たぶん、私、一番最初に辞めるって言われてたからね。

小川　あの時、一緒に誰がいたっけ？　玉田（りえ）、前川（久美子）……いろいろいたけど、若手は若手で入れ替わりが激しかったから……。

大向　夜逃げする人もいたしね。

──大向さんが受けたオーディションは覚えていますか？

小川　覚えていますよ。道場でやったんだっけ？

大向　そうです。私たちの代の前まではフジテレビ（河田町の旧社屋）でやっていたんですけど、クラッシュ・ギャルズのお二人が引退して応募者も減り始めた時期だったんでしょうね。逆に合格の確率が上がって良かったけど（笑）。だって、私たち以前は何千人もの応募があったんでしょ？

小川　うん。あまりにも履歴書が送られてくるのでジックリ見る時間がなくて。一次選考は身長だけ見て選ぶという。チャパリータASARIなんて150センチそこそこなのに160センチと書いてきて……。

大向　うそつきやね（笑）。

小川　じゃないと落とされちゃうのを知ってたんだろうね。

──大向さんは小川さんの第一印象は覚えていますか？

大向　会社の人（笑）。私が新人の時は、道場番と事務所番と（当時全女が運営していた飲食店の）SUN族番という仕事があったんですけど、事務所番の時は小川さんにお茶を出してたんですよ。当時は髪の毛がもじゃもじゃでちょっと怖かったけど、お茶

を出すとけっこう愛想を振りまいてくれて（笑）。でも、私がすぐに全女を辞めて……。

――その後、ＬＬＰＷで復帰されました。

大向　私自身、プロレスをやるのであれば全女しかないと思っていたんですよ。だから全女を辞めたから、もうプロレスはできないと思っていたんですけど、その頃から団体が増えはじめたんですよね。それで立野記代さんたちが復帰するという話を聞いて、「あ、辞めても復帰できるんだ」って。「記代さんのところへ行ってみれば？」という声もあったので、ＬＬＰＷに行ったんです。

――土下座して入門を直訴しましたよね。

大向　あったね～（苦笑）。

――小川さんは大向さんの行動は御存知でしたか？

小川　（ＬＬＰＷへ）行ったのは知ってましたよ。まだデビューして間もなかったし、「どうなるのかな？」と思った。というか、当時、ＬＬＰＷ自体が「どうなるのかな？」って状況だったしね。

大向　ＬＬに入った頃に対抗戦が始まって、会場で小川さんと会うようになったんですよね。小川さん、なんとなく気にかけてくださってましたよね。ジュニアオールスター戦でもメインに抜擢してもらったし。全女を辞めたのにメインに使ってもらって、小川さんの「他団体の選手だけど期待している」という気持ちは感じました。

小川　でも、あの時は里村（明衣子）が全部、もっていっちゃったんだけどね（笑）。

大向　あとは長谷川咲恵さんの引退（１９９６年）が大きかったですね。

――それこそ大向さんがもっていきましたよね。

大向　あったね～！　咲恵さんと長嶋美智子さんとの同期対決の時ですよね。

――そうです。お二人の試合後にエキシビジョンマッチとして大向さんと長谷川咲恵さんの一戦が実現しました。

大向　それが本戦よりも大きく誌面を飾って……。失礼な話だよね（苦笑）。でも、それも……この話すると今でも泣いちゃうけど（涙）、私は全女の頃、最初から最後まで咲恵さんに気にかけていただいて、小川さんはそれを知っていたんでしょうね。あの日、雑用している時に「(長谷川咲恵さんと) やらなくていいの?」って小川さんが聞いてきたんですよ、それまで話しかけてこなかったのに。そりゃあ、やりたいですよ。だけど風間さんの手前、言いにくくて。でも小川さんに「やりたいです」って言ったら実現しちゃった。裏の話は知らないけど、きっと小川さんが風間さんに掛け合ってくれたんだと思う。小川さん、覚えてます?

小川　俺、風間ルミに言ったかな?

大向　言わなきゃできないでしょ!　私がそんな勝手なことしたらクビになってるって (笑)。

小川　だって、当時はやったもん勝ちみたいな風潮があったじゃん。

大向　それ全女だけだから! (笑) でも、その時に私の夢を叶えてくれて、心の距離が縮まったかも。

小川　たぶん、昔からの習性で一つでも多く話題を作りたいという気持ちがあったからでしょう。

大向　でも、それをやることで本当に誌面が全部、私と咲恵さんのことになった。そういう嗅覚はスゴイよね。で、栗原あゆみがあの試合を見ていたらしくて、後々「子どもながらに感動しました」って言ってくれたんですよ。それだけの感動の渦を作り出した小川さんは……私の中で〝プロレス頭〟ということを考えるようになったキッカケでもあるんですよ。その後も、なんだかんだ言ってキッカケは小川さんだしね。

小川　ずっとこの仕事をやってると、一つでも話題を取りこぼさないように、って思ってしまうんだよね。それは今でも続いていることだけど。

大向　その点は尊敬していますよ、他のことは尊敬できないけど (笑)。

移籍を決断させた殺し文句
大向美智子にはまだ可能性がある

——見事なオチがつきましたが……その後のアルシ

オン設立にもつながることですが、小川さんにとって大向さんのどこが気になったのでしょうか？

小川　やっぱり身体もデカイし、ビジュアルもいいし。選手っていうのは環境によって輝くじゃないですか？　いくらいい選手でも居場所が悪いと輝かないし、（大向は）ＬＬにいてももったいないなって思ったのも事実で。それは団体内に同世代がいなかったというのもあるし。

大向　小川さんからすると、もどかしさがあったのかなって。事実、その時は私自身、アイドルレスラーと周囲から言われることに悩んでいたし、私がやりたかったプロレスの理想と現実がかけ離れていったんです。まだ子どもだったこともあるだろうけど、すごくつまずいて、悩んで痩せて。そうするとまた会社から怒られて、「もうイヤ！」ってなった時に、たまたまアルシオン設立の話を聞いたんです。

――すぐに「アルシオンに行きたい！」と思いましたか？

大向　いやいや、それはないですよ。ＬＬＰＷにも、風間さんにも拾っていただいた恩義はありましたから。でも、私にもプロレスラーとしてもっと上に行きたいという欲があった。それで小川さんに会ってみたら、「大向美智子にはまだ可能性がある」って言ってくれたんですね。じゃあ、その言葉に賭けてみようと思ったんですよ。風間さんのことも大事だったけど、私の人生だから。

小川　アルシオン設立の背景には全女の衰退といったものがあって。給料が出なかったり、選手がどんどん抜けていったり、そんな状況だったので自分たちも抜けざるを得ないわけですよ。で、玉田と府川が「新しい団体、やってください」って言ってきたけど、俺自身も全女は20年くらい勤務していたし辞める踏ん切りがつかなくて。でも、そうこうしているうちに一人抜け、二人抜けって選手がいなくなっていくと、これは止まってちゃいけないなと。で、ある時、井上京子が選手を集めて新しい団体を作るような動きがあって、そこで自分も進まなくてはいけないって思ってたんだよね。

――その時にはすでにアルシオンの構想というかコンセプトはできあがっていたんですか？

小川　なんとなくね。

大向　そうですね、ハイパービジュアルファイティングってコンセプトは、みんなで小川さんの家に集まって話し合っていた頃には完成してましたよね。

小川　当時、私が住んでいたマンションの近くにパンクラスの道場があって、そこを借りてたんですよ。

大向　船木さん、鈴木みのるさんがいる時代で、練習を教えていただいて。あとはミノワマンや渡辺謙吾さん、須藤元気君もいたな～。

小川　それで練習終わりに我が家にきて、みんなで食事をしながら夢を語り合って……。

大向　私は、小川さんの言葉やコンセプトに加えて、そこに咲さんがいたというのがアルシオンを選ぶのに大きなポイントになりましたね。

小川　当時、長谷川咲恵はサムライTVを辞めたばかりで、いろいろ悩んでいて「ちょっと話がありま す」って私のところにきて。ま、その時は長谷川の話は聞かずに、自分の言いたいことだけ言って（笑）。
大向　聞きなよ（笑）。
小川　それで、「今度、新しい団体をやるから」と伝えたら、数日後には私の家の空いていた部屋に住み込みするようになって、「団体の運営に関することをいろいろ教えてください」って。で、なぜか「一緒に走りましょう」って言われてさ、俺、走らされたよ、白金から五反田辺りまで……。１回だけだけど。
大向　咲さん、元気だからね〜……って、１回だけかよ！（笑）

旗揚げ前に数千万円の借金…でも、全然気にならなかった

――そのような経緯を経てアルシオンは１９９８年２月に旗揚げしますが、当時のことで印象深いことはありますか？
大向　アジャ様の練習メニューが過酷で、オーバーワークでみんながバタバタ倒れ始めたんです。旗揚げ前に挫けそうになって、選手が抗議をしに行ったことがあったんですよ。でも、私は旗揚げは絶対にコケれないし、アジャ様もアジャコングの団体っていう責任を背負っているから心を鬼にしてる、って感じていたから「今のメニューでいいです、やってやります！」って。そうしたら、私のせいでメニューは変更なし（笑）。でも、みんなやり遂げました。旗揚げなんだから、それぐらいの意気込みでやらないとダメだよね。それに自分は変わりたかったから。何よりもＬＬＰＷの人たちに「あっちに行ってダメじゃん、大向」って言われたくなかったの。
小川　そういう意気込みは選手全員にあったよね。全女を辞めてきた選手もそうだし、ＪＷＰで一度引退していたキャンディ奥津もそうだし。他の団体がアルシオン包囲網を作っていたからね。まあ、それはあえて私が〝引き抜き〟という言葉を使ったこともあるんだろうけど、「アルシオンは業界のルールを守らない」というイメージが強かったからね。
大向　でも、あの時にヘッドハンティングって言葉

が流行ったよね。今だったらハッシュタグでトレンド入りしてるよ（笑）。当時のことでよく覚えているのが、旗揚げ前の道場開きで小川さんが泣いたのよ。私、「あ、小川さんも泣くんだ！」って驚いた。

――道場開きにはたくさんの人が詰めかけましたね。

小川　マスコミだけではなく、知り合いも呼んだからね。旗揚げの時、道場は倉庫をリノベーションして、リングも道場専用と試合用の2つ作ったのよ、1個でいいものを（笑）。そんなことをしていたら、準備だけで数千万円の借金をしたからね……。でも、全然気にしなかったな。どうにかなるだろうって。

――それだけ希望に満ちた旗揚げだったわけですが、大向さんは選手として手応えを感じましたか？

大向　旗揚げ辺りはダメだったよね？　今までのアイドルレスラーみたいなコスチュームをやめて、レガース履いて。髪の毛もバッサリ切って、強さを求めてイメチェンしたけど……やっぱりアジャコングの壁は高かった。旗揚げ戦はインパクトを残せたかもしれないけど、自分に実力がないことも思い知らされましたね。そもそもカードを聞いた時、「ゲッ！アジャコング？」って思ったんですよ。でも、後々、そこには小川さんの期待が込められていたんだなって感じました。旗揚げという大事な日にアジャさんとのシングルマッチがラインナップされて、他の対戦カードを見てみると、「あ、私のカードだけちょっと特別じゃない？」って。

小川　大向の実力が開花したのは2年目からじゃないかな？

大向　そこまではボロクソ言われてましたよね？

小川　アルシオンの1年目というのは吉田万里子やキャンディ奥津が出てきていたからね。

大向　奥津は天性の才能があったけど、私は努力して、がんばって練習してのし上がるしかなかった。それで、2年目になる頃に咲さんにソバットと裏投げを伝授していただいて、食事をはじめとする健康管理までしてくださったんですよ。それこそ顔色が悪い状態で道場に来ると「今日は帰れ！」って練習させてもらえないほど徹底していたんですよね。

アルシオンの道場開き当日。マスコミをはじめ、多くの関係者が参列した。

――その頃の大向さんは、使う技に変化があったように思います。たとえば今ではポピュラーな技になりましたが、武藤敬司さんのシャイニングウィザードは誰よりも早く繰り出していましたし、1999年に逆上陸した闘龍門JAPAN（現ドラゴンゲート）と絡んだ際はその動きを取り入れたり、と男子寄りのプロレスを展開していたのが新鮮でした。

小川　やはり、その時に流行っているというか、注目を集めているものとリンクした方がいいわけだから。話は変わるけど、俺、昔、吉田万里子に聞いたことがあるんですよ。「ロックアップしてから試合を始めないの？」って。そしたら「ないですって」。それは当時の全女にはなかった文化で。それはプロレスじゃないだろうって思いましたけど。

大向　ロックアップって全女にはなかったんですよ。逆にLLPWではロックアップありきだったから。

――それはおそらくLLPWの前身のジャパン女子プロレス時代、山本小鉄さんがコーチをされていたことに起因するんじゃないでしょうか。

大向　そうですね。だから、アルシオンになって、スパーリングすると……。

――噛み合いませんでしたか？

大向　いや、それ以前にロックアップを知らないから……。ボディスラムの投げ方でも右手を上にするか左手を上にするかで全女出身者とそのほかの団体出身者で分かれていたので、統一しようって話をしたんですよね。それに加えて吉田さんはグランドが得意だし、一方ではメキシコ人選手もやってくる。すべてを練習しなくちゃいけないから、格闘技のジムに出稽古に行ったりとか、メキシコにルチャを習いに行ったりして。そういうのをミックスしているから〝今までになかった女子プロレス〟になったんじゃないかな？　それがアルシオンだと思います。

――ビジュアルの良い選手も揃っていたので芸能の仕事も多かったですよね、アルシオンは。

大向　けっこうハードでしたよ。写真集や映画の撮影、各メディアの取材とか……。だから私、道場にいないことが多くて、それで吉田さんと揉めた時期もありましたね。たしかに道場で練習するのも大事だけど、私的にはアルシオンを知らない人に伝えるために表に出ていくことも大事だと思っていたから。まぁ、私は昼間に芸能の仕事が入ったら、夜中に一人で道場で練習していましたけどね。

小川　今になって考えてみると、アルシオンでやっていたことの多くは時代が早かったとしか言いようがない。時代が追い付いてなかったんですよ。先を行き過ぎていたんでしょうね。

――そういえば、アパレル会社とのコラボもありましたよね。当時としては最先端だったと思います。

小川　あれはコラボじゃないんですよ。普通、団体が旗揚げするとジャージを揃えるじゃないですか？　でも、作ろうにもお金がなくて、知り合いを通じてＢＡＤ　ＢＯＹさんにいろいろいただけるというので、段ボール3箱分くらい送ってもらって。それでファッションショーみたくしようと思ったんですよ。

大向　みんなで段ボールを漁ったの、懐かしい（笑）。

――さまざまな新しいことを取り入れてアルシオン

大向美智子（おおむかい・みちこ）
1975年生まれ。岩手県出身。中学卒業後、91年に全日本女子プロレスに入団。翌年デビューするが、ケガのために引退。93年、LLPWに入団を直訴し、再デビューを飾る。LLPWではアイドルレスラーとして人気を博したが、ロッシー小川のヘッドハンティングを受けて、1998年のアルシオン旗揚げに電撃参戦。99年にシングルトーナメントを連覇し、大ブレイクした。02年にライオネス飛鳥を破り、クイーン・オブ・アルシオン王座を獲得するなど、団体エースとして活躍。03年、アルシオンが経営難に陥ると退団し、以後はフリーとして活動した。07年に結婚を発表、同年12月の自主興行で引退した。

という団体は大きくなっていきました。会場も有明コロシアムやNKホールなど、大きなところに進出していく中で、大向さんは何を思っていましたか？

大向　あの頃はまだアジャ様や文子とか、自分的に敵がいっぱいいたので前を向いて進むしかなかったですね。でも、LLPWの頃からそうだったけど、人気に実力が伴わなくて、自分の中ではもがいていた時期でもあった。自分で変われたと感じたのは、ソバットと裏投げに続いて、B3ボムを使い始めてからじゃないですかね？　あれでトーナメントを制することができたし。ちなみにB3ボムの名前を考えたのは小川さん。

小川　ウサギ年だったから「ビッグバン・バニー・ボム」でB3ボムね。

大向　「名前考えてください」ってお願いしたら速攻で出てくるんだから、そういうところは天才ですよ、小川さんは。あまり褒めたくないけど（笑）。それでトーナメントを3連覇して、それが私を変えてくれたかなって思います。

小川　団体の柱になれたよね。
大向　ライオネス飛鳥さんのベルトにも挑戦させてもらって……。
小川　でも、そこに至るまではいろいろと抵抗してくる人も出てくるわけですよ。新しい人が出てくると、阻止しようとするというね。
大向　私もその圧を感じて巡業バスに乗れなかったしね。それで小川さんの車で会場入りするようになって。その時にいろいろな話をしてくれましたよね。
小川　当時のことで覚えているのはね……（自粛）。
大向　それは書けないからダメでしょ！（笑）もっと良い話をしてくれたでしょ？　周囲からの圧がすごいのはスーパースターの通る道だって言ってくれたんですよ。「（長与）千種だって俺の横に座って会場入りしてたんだから」って。それで私は安心したというか、特別感というのかな？　誰でも座れる席じゃないんだってわかると自信になったというか。ま、運転は危なかったけどね。逆走するし、車線をまたいで真ん中を走るし（笑）。

――いい話なのにオチが（苦笑）。
大向　でも、小川さんの人を導く手腕は本当にすごいと思いました。素質を見抜いて、上まで持っていくっていう。
小川　ずっとそういう人たちと仕事をしてきたからね。ビューティ・ペアに始まって、クラッシュ・ギャルズ、北斗晶……。
大向　そういった方々とのエピソードもいろいろ話してくれるから貴重な時間でしたね。そのおかげでプロレス全体を見渡せるようになったんですよ。だから、今の若い子たちも小川さんにそういう話をしてもらえるようになってほしいなって思います。

離れたけれど恨みはない 引退試合で見られた師弟愛

――そんな密な時期を過ごしましたが、2003年2月に大向さんは小川さんの元を離れます。
大向　……会社がどうしようもない状態だってこと

はわかっていたけど、私もプロだから試合をするからにはお金をもらわないと、という気持ちがあった。

小川　当時は北沢タウンホールですら100人はいるかどうかだったからね。その時に「これはもうダメなのかな？」という考えがよぎっちゃったんだよね。がんばっても下げ止まりしてくれなくて。

大向　そうでしたよね。200人位のキャパでも半分しか入らない。だけど、それは会社だけのせいではないし、選手がお客さんを呼べていないだけじゃないですか？　でも、当時のアルシオンにはそのことを自覚する選手が少なかったというか、それが厳しかったですよね。最後の方は小川さんと私と営業とスタッフだけでがんばってもしょうがない状況で、私も決断するしかないなって。

――喧嘩別れではなかった？

大向　少しは不満を言ったかもしれないけど……。

小川　喧嘩別れではなかったよね。

大向　ちゃんと直接、辞めるって言いに行ったしね。それで小川さんは止めなかった。寂しそうな顔はしていたけどね。

小川　俺は基本的に引き止めないからね。

大向　それはわかってた。

小川　イヤだって言う人をいくら引き止めてもね……。お互いにいいことないもんね。

――実は私は当時、専門誌で仕事をしていて大向さんに離脱の真相を聞く取材を担当したんです。その取材日が偶然、アルシオンが大向さん脱退後一発目の大会を千葉の流山で行った日で、それも取材しています。会場で小川さんに大向さんの取材をした旨を伝えると寂しそうな顔で「大向は元気だった？」と聞いてきたのが印象的なんですよ。

大向　孫を想うおじいちゃんみたい（笑）。

小川　流山でやった？　覚えてないな～（苦笑）。

――その小川さんの表情とかを見て、単なる喧嘩別れではないんだと察したんですよね。

大向　フリーって自分のことは自分で守らないといけないでしょ？　私はフリーになって、それまで小川さんに守られていたんだな、大事にしてもらってたんだなって、すごく感じたんですよ。小川さんが育ててくれたからこそ、フリーになってもお仕事をいただけるんだなって。現役を引退した後でもプロレスのお仕事をいただけるのは、小川さんのおかげだと思っているからね。

――でも、しばらくの間、接点はなかったですよね？

大向　私の引退試合までなかったかもしれない。

小川　結婚式は行ったよ？

大向　引退試合の前日！　一応、呼んだんだった！

小川　一応……（苦笑）。

大向　（笑）でも、私、退団してからずっとアルシオンを引きずっていたんだよね。アルシオンで引退すると小川さんがライセンス番号が入ったキラキラなガウンをかけてくれて、10カウントゴングを聞くという流れがあるんです。私はそれをやりたかったんですよ。退団してから小川さんとは数回顔を合わせているんだけど、挨拶をする程度で……。

小川　接点がなかったんだよね。それで引退のときに連絡がきて、ガウンとチャンピオンベルトをお願いされたんだよ。

大向　そうそう、今までのギャラの未払いとかチャラにするからって（笑）。小川さんに対する恨みつらみはなかったから、全部クリアにして辞めていきたかったんですよ。小川さんの足音って特徴があるんです。ペタペタした音が聞こえてきて、「あ、きたきた！」って。ベルトもガウンも持ってきてくださって。引退式のナレーションは志生野温夫さんにお願いしたんです、やっぱり全女の血が流れてるから。その時の原稿も、小川さんが書いてくれましたよね。

小川　そうだったね。それで今、あのベルトは……。

大向　今、私が関わっている毛利道場というところにあります。選手たちが獲ったトロフィーや盾を入れるガラスケースの中に飾っていますよ。やっぱりみんなに見てほしいから。

小川　アルシオンって5年やったのかな？　最後に総集編みたいなDVDを作ったよね。それを観たら、苦しいこともあったけど、やって良かったかなって思ったよね。

2007年12月9日の引退興行に来場し、クイーン・オブ・アルシオンのベルトを授与した

大向　その5年は小川さんのキャリアからするとちょっとしたことかもしれないけど、私にとっては人生の中で一番充実していた時間だと思っています。あの勢いのまま、誰も抜けずにアルシオンが続いていたら、どんな団体になっていたのかなって、今もときどき思うんですよ。

小川　今年（2023年）、アルシオンは創立25周年だったんだよね。あの団体は自分が初めて立ち上げて、自分の頭で動かして、何もわからない中でやってきて。いろんな人の意見を聞いて……。

大向　聞かなかったじゃん（笑）。

小川　いや聞いていたよ。だから騙されたり、振り回されたりしてさ（苦笑）。結局、苦しいことも多かったけどね。とくに2002年から03年の間っていうのはさ、めちゃくちゃ厳しかったからね、生活とか。

大向　でも、今がいいからいいじゃん！

小川　いや〜、本当に俺は運がいいなって。

大向　悪運が強すぎるのよ、小川さんは。……ってさ、小川さん、その爪を噛む癖、やめなよ〜！（笑）

小川　ん？　噛んでないよ。
大向　いや噛んでるって。昔からそうじゃん！（苦笑）
――（笑）大向さんは観戦されたり、時には限定復帰されたり、大江戸隊with大向美智子としてリングに上がられたりと、スターダムにも何度か関わっていますが、感想は？
大向　声がかかった時は単純に嬉しかったですよ。スターダムは……私が現役だった頃のプロレスとはまったく違いますよね。全体的に選手が小さくなっていると思うけど、それはそれで今の時代のプロレスなんだって楽しめるし。
小川　でも、アルシオンでやってきたことをなぞっているところもあるよ、スターダムって。アルシオンでできなかったことを、スターダムでやっているんじゃないかなって。
――それこそ、今のスターダムの選手層を見てみるとハイパービジュアルファイティングですよね。
大向　そうだね～、可愛い子、多いもんね。そうそう、うちの子どもたちもスターダムのファンなんですよ。
小川　これからは二世の時代だと思っているんですよ（ニヤリ）。
大向　もう！　何年も前からうちの娘をプロレス入りさせようと口説いてますよね？　だから私に優しくしてるんでしょ？（笑）
小川　だって、大向の娘が同じ道をたどったらエモいじゃん。
大向　「エモい」なんて言葉、使うんだ？
小川　いろいろ繋がっていくことが、これからの女子プロレスのためにもなるじゃない？　ま、だれかさんの娘は他の団体に行ったようだけど……。
大向　根に持っている（笑）。
小川　根には持ってないよ。でも、そうやって二世選手が出てきて活躍する時代がくるかもしれないじゃない？　お客さんも孫を見るような目で応援してくれたりしてさ。
大向　私の娘がいつかプロレスラーになりたいと言った時は、ロッシー小川の手でスーパースターにしてください（笑）。

（了）

第六章 スターダム、私が見た選手の素顔

時代をリードするスターダム

アルシオンなき後、私はプロデューサー&プロモーターとして風香祭を開催したが、いつも何か物足りなかった。いま思えば、それはたぶん自分のやっていることが、業界内でさほど影響を与えられていなかったからだろう。頭の片隅では、いずれ団体に復帰することを思い描いていたのかもしれない。

風香引退後に任された愛川ゆず季プロレスラー・プロジェクト。たった一人で企画を検討し、レスラーを育成し、イベントを開催していく。そうして始まった「ゆずポン祭り」は風香祭の後を追っていくはずだったが、それは新団体誕生の序曲だった。アルシオンの成功と失敗が私の決断を鈍らせていたが、始めてしまえば失敗を糧にするしかない。より慎重にことを進めていく……見た目は派手に中味は地味に。失敗は絶対に許されない。それはそうだ。別に私は金持ちじゃないし、スポンサーもいなければタニマチもいない。自己資金でやるのだからとりわけ慎重にやるしかない。

幸いゆずポンの存在は大きかった。マスコミがゆずポンの動向を取り上げ、多くの記事にしてくれたのだ。まだSNSの出始めだったから、やはり雑誌や新聞に載るのは重要なこと。明るく、激しく、美しく、そして新しい。これをスターダムのメインコンセプトにした。

生え抜きの真新しい選手たちと高橋奈苗（奈七永）や紫雷イオたちとの融合が、スターダムの始まりだった。

その中でゆずポンが飛び出し、美闘陽子と世Ⅳ虎（現・世志琥）が追いかけた。旗揚げイヤーは星輝ありさ、岩谷麻優、鹿島沙希と未来あふれるルーキーが誕生したし、翌年には宝城カイリ（現・ＫＡＩＲＩ）、安川悪斗の個性派もデビューした。それから毎年のように有望な生え抜きを生み出してきた。３年目には両国国技館に初進出したし、スターダムは常に時代のトップランナーだった。

「私がいる場所が、女子プロレスの中心」

これは45年間もの長きにわたって念頭に置いてきたこと。そう思っていなかったら、やり切れない自分がいた。なぜと問われれば、私は全女で育ったから女子プロレスの一番輝く団体にこだわっているのだ。

だから個人でがんばることよりも組織で動くことにシフトチェンジをした次第。スターダムは旗揚げから12年経ったが、まだブームは築けていない。右肩上がりは実感するが、さらに大きくなっていく途中だと思う。いまは有象無象の女子プロレス団体乱立時代、その中で優良なプロレスを提供し、団体名の通りスターを生み出していく使命感がある。業界生活も終盤に差し掛かっているからこそ、スターダムを女子プロレスの歴史にも形としても残していきたい。売り上げでは全女を抜いてもまだ歴代ナンバーワン団体ではない。だからこそやり甲斐があるのだ。令和の女子プロレスはスターダムで決まりだ！

愛川ゆず季

スターダムの未来を切り拓いた功労者

おそらく、ゆずポンがいなかったらスターダムは存在しなかっただろう。

風香の引退後にプロレス・デビューのプロデュースを任され、ゆずポンとの付き合いが始まった。

２０１０年10月にデビューするまでの半年間、私はゆずポンの練習に同行し、映像を撮ってそれを見ながら反復してプロレスを学ぶという新しい形を築いた。私はゆずポンが「ゆずポンキック！」と叫び、足を高々と上げた瞬間、「これは新しいスターが誕生する」という予感がした。人気グラビア・アイドルという肩書きはあったが、クラシック・バレエやテコンドーで鍛えた肉体は本物。あんなに足を真っ直ぐに上げられるのは、プロレスにもってこいと直感したのだ。

ゆずポンは普段は大人しく、けっして激情的ではなかったが、リングに上がるとスイッチが入った。だが試合前はナーバスになり、誰も近づかせない雰囲気を出していた。試合は毎回、全力投球だから肉体の消耗も激しかったと思う。高橋奈苗からプロレスのイロハを学んだため、ゆずポンは業界用語でいう〝カタイ〟攻撃をした。特にキックは耐えがたい痛さだという。だから奈苗とか世Ⅳ虎以外の選手は対戦を嫌がっていた。ゆずポンのプロレス生活は、ほぼこの２人との激しい闘いが中心だった。

両国国技館で引退試合を行い、翌日には両国近辺のチャンコ屋で打ち上げをした。私は選手全員に現金を封筒に入れて手渡し、ボーナスをはずんだ。ゆずポンとは引退後もイベントを手伝ったり、サムライＴＶの「スターダム・カフェ」のＭＣに出演してもらったりと交流は続いている。

２０１７年１月には結婚披露宴に招かれ、お色直しの際には私がエスコートして会場を後にした。21年３月３日、日本武道館で開催したスターダム10周年大会では１日だけ復帰し、オールスター・ランブルという時間差バトルロイヤルに特別出場。ゆずポンはオファーから３か月足らずの間に、しっかり仕上げてリングに上がった。リングコスチュームは引退前まで愛用していた黄色が主体のレインボーカラーを着用。他団体からも多数選手が出場したこのランブルで、ゆずポンは現役時代同様の本気モード。最高のパフォーマンスを披露してくれた。たった２年半の現役生活でゆずポンはスターダムの救世主となり、私自身も助けられた。

愛川ゆず季（あいかわ・ゆずき）…1983年生まれ。157㎝、53kg。グラビアアイドルとして活動していたが、10年にプロレスに転向。翌年からスターダムに参戦、7月に世Ⅳ虎を破り、初代ワンダー・オブ・スターダム王座を獲得するなど活躍した。

あの時、スターダムを始めて

いなかったら……考えただけで恐ろしい。

紫雷イオ　世界に羽ばたいた天空の逸女

スターダム史上、最高に活躍したのがイオである。

7つもあるチャンピオン・ベルトも、フューチャーを除くすべての王座を獲得という快挙を成し遂げている。赤いベルトを通算24回防衛し、白いベルトも17回と塗り替えることが難しい不滅の記録を残したのだ。東京スポーツ制定の女子プロレス大賞を２０１５年から3年連続受賞。その記念トロフィーは「これは私一人ではなく、スターダム全員で勝ち取った賞だから……」と事務所に寄贈してくれた。スターダムに恩義を感じてくれている、イオらしい話だ。

イオは「スターになりたい！」という一心で過去を捨て、旗揚げ間もないスターダムを選んだ。新人時代から抜群のセンスの持ち主だったから、将来はどこかで関われればと思っていたが、まさかイオの方から話を持ち掛けてきたのには驚いた。生え抜きではないが、イオは旗揚げイヤーから在籍している。私にとっては生え抜き同様の存在だ。イオはたまに事務所にやってきては、私と何時間もプロレスの話をした。だから私の考えを理解していたし、最大限の試合を見せてくれた。W

紫雷イオ（しらい・いお）…1990年生まれ、156㎝、54㎏。07年に姉の美央とともにデビュー。12年にスターダムに入団し、以後、大エースとして団体を支えた。18年にWWEに移籍。

WE移籍の件も一部始終を報告してくれていたから、何のわだかまりもなく送り出すことができたのだ。

アメリカに定住して以来、毎年暮れになるとイオは必ず日本に帰ってきている。

2018年は後楽園ホールに姿を現し、翌年には仲間数人と朝まで飲み明かした。その時はイオに憧れていたジュリアも同席。私もメチャクチャに呑んだ記憶がある。2020年はイオ、麻優、カイリ、ジャングル叫《きょう》女《な》に加え、世Ⅳ虎も食事会に合流。まるでスターダム同窓会のようだった。

イオはWWEで活躍したら、いつか日本に戻りたいという意向もあるようだ。その時はまた、麻優&カイリとの三人娘スリーダムで、〝ロケット〟を見てみたい。イオvs林下詩美、イオvsジュリア、イオvs朱里など、観たいカードがたくさんあるから、私は首を長くして待っているのだ。２０２２年5月には極秘で帰国し、私の家にもきてもらった。そこでは近況報告を始め、5時間も雑談をしている。

高橋奈七永

全女魂をいまに伝える大ベテラン

〝人間冷蔵庫〟はいつの間にか〝人間国宝〟と呼ばれるような重鎮になった。全女における最後のＷＷＷＡ世界シングル王者であり、中西百重とのナナモモでは末期の全女を支えた救世主だった。

ナナエの合言葉はパッション。気合い満点の試合スタイルは、師であるアニマル浜口さんばりの熱い闘いが信条。全女が解散すると、自主興行ドリーム・キャッチャーを経てゼロワンの下部組織・プロレスリングＳＵＮを旗揚げ。ここでは外国人選手相手にエースとして活動していたが、盟友のＨｉｋａｒｉがあまりにも破天荒に団体をかき乱したため、夏樹☆たいようを連れて離脱。スターダムの設立に合流した。

ああ見えて優柔不断な面のある奈七永は、その反面こだわりも強かった。新団体でもエースの座を確保しようと画策したが、その通りになってしまうとスターダムが団体の目指す方向性から離れてしまう。私は何度も話し合いをして、説き伏せたのだ。

２０１５年2月25日（後楽園ホール）の世Ⅳ虎 vs 安川悪斗の試合では、奈七永が影の首謀者という疑いもあったが、その後すぐに退団。自ら SEAdLINNNG を結成し、代表取締役となり世Ⅳ虎が復帰するリングを作り出した。

だが、そんな奈七永も怪我で長期欠場すると団体オーナーとの軋轢が生じ、今度は自身が追われたのだ。奈七永はどうやらイチ選手というスタンスが合っていて、毎度の如く経営サイドと衝突してしまうようだ。

高橋奈七永（たかはし・ななえ）…1978年生まれ、165㎝、65㎏。全日本女子プロレスに96年に入門し、解散まで所属した。全女崩壊後はスターダム、SEAdLINNNG などを経て、再びフリーに。現役生活28年目を迎える今も、熱い戦いを見せている。

スターダム再登場には、ネット上で賛否両論の意見が飛び交った。奈七永も結構気にしたみたいで、ヘイト発言に「どうにかなりませんか？」と聞いてきた。私は「気にする必要はない、相手にしなければいい」と伝えた。

激しい闘いを仕掛ける奈七

永だが、対戦相手のどんなに厳しい攻撃にも一切文句は言わない。リング上のことはリングで決着を付ける姿勢は、いつになってもアッパレだ。

脇澤美穂

スターダムでも輝きを放った〝全女の太陽〟

ワッキーは私が全女にいた末期にデビューした。各団体の若手選手を集めた「オーレ」というイメージビデオに抜てきしたこともあった。私が全女を退社後に納見佳容とのミホカヨで、ナンバーワンの人気者に輝いたが、怪我でプロレスを断念。お笑い芸人を目指してワタナベエンタテインメントやよしもとに籍を置いて漫才師となっていく。

ワッキーによると彼女が出演していたお笑いライブの中には、出演者がチケットを20枚購入する義務があり、それを仲間内に販売しなければエントリーされないものもあったそうだ。そんな理不尽なシステムで成り立っているから、お笑いを続けるにはチケットを買い続けなくてはならない。それでもＴＶのプロデューサーや関係者の目に留まればブレイクのきっかけを掴むことができる。

引退してから10年が経った２０１１年12月、ワッキーはスターダムで再びプロレスを始めることになった。まるで忘れ物を取りにきたかのように……。

決して器用なタイプではないが、思い込んだら命懸け。アイアンクローのようなベノムアームなる顔面掴みで台頭していった。２０１３年7月、大阪でゴッデス王座を争ったトーナメントでは、肘を脱臼しながらも得意技のバックスライドで世Ⅳ虎からフォールを奪取。涙、涙の戴冠劇だった。

ワッキーは試合後コメントを終えると救急車で病院に直行した。私は映像スタッフとしてスターダムに入った増村貴宏の撮影初日とあり、「万が一、アクシデントで選手が救急車で運ばれたら同行して欲しい」とどこまでも撮影することを伝えていた。そんな矢先に救急車に乗ることになるとは、増村もついているのか何なのか。

脇澤美穂（わきざわ・みほ）…1979年生まれ。164㎝、60㎏。96年に全日本女子プロレスに入門。納見佳容とのコンビ、ミホカヨで人気を博した。01年に引退後はお笑い芸人として活動。11年にスターダムに入団し現役復帰を果たすと、14年まで続けた。

ワッキーは憧れの堀口元気と豊田真奈美とトリオを結成して、引退試合を乗り切った。再びお笑い芸人に戻ったが、長年のパートナーと結婚。２人の娘にも恵まれているが、バイトを掛け持ちしたりキャラ弁を作ったり多忙な生活は変わらない。娘たちがフワちゃんのファンだとかで、ワッキーはフワちゃんのプロレスデビュー戦に姿を現した。

岩谷麻優

歴史をともに歩むスターダムのアイコン

上京してから、麻優は私のアパートに居候し、スターダム生活をスタートさせたというエピソードは散々語られてきた。私はコインランドリーに洗濯に行くついでに麻優の分も洗ってあげたりもした。「何か欲しい物はない?」と聞くと、「スルメが食べたい」と言ってきたから、私はスーパーを何軒も回りスルメを探した。スルメを食べたい17歳なんて初めてだったから、こちらも慌てたものだ。よく一緒にアパートの近所にある焼き鳥屋で、いろいろな種類の焼き鳥を買って食事を済ませたことも。懐かしい話だが、忘れるはずはない。

旗揚げしてから地方遠征に行く時は、麻優はいつも私が運転するスターダムカーに帯同。この車にはゆずポン、美闘陽子、星輝ありさが同乗していたから、いわば主流派グループ。自然と特別待遇していたのであろう。

プロレスを辞めたい、そんな話は何度も聞かされた。トリマーになりたいとか、結婚するとか……私は「そうすればいいんじゃない」といつも答えてきた。そう言えば、最近はそんな言葉を一切発しなくなった。それはそうだろう。日本の女子プロレスラーで最も稼いでいるのだから。辞めるとか、辞めたいといった話は一切ない。かつては家出同然で上京してきた不良少女も、母親にi-Phoneをプレゼントできるほど出世をしたのだ。

麻優とは仕事の話はほとんどしない。互いに言葉にしなくても理解しているからだ。たまに麻優から「話がある」と連絡がある時は要注意。選手間で何か問題が起きている時しか、麻優とはじっくり話し合わない。2人の関係は親子に近いから、今さらなのだ。

現在、スターダムにおける麻優の立ち位置は、新日本プロレスでいうところの棚橋弘至のような、絶対的な象徴のような存在だ。スターダムのアイコンはみんなをグイグイ引っ張っていくタイプではないが、スターダムの歴史を背負っているのは明らか。手前味噌だが、私と麻優の存在感がスターダムそのものだと自負している。この2人がいなくなったら、スターダムは別の団体になってしまう。

岩谷麻優（いわたに・まゆ）…1993年生まれ。165㎝、50kg。11年1月23日のスターダム旗揚げ戦でのデビュー以来、一貫してスターダムに所属をし続けている、フランチャイズ・プレイヤー。その破天荒な半生は、小社刊の岩谷麻優の自伝に詳しい。

ただ、麻優もキャリア12年。30歳になったから、これからは〝引退〟の二文字が付いて回るだろう。そうは言ってもこれだけ稼げる仕事はないので、体がガタガタになっても、這いつくばってでもプロレスから離れないだろう。麻優の願う、結婚＝引退はないと私は見ている（笑）。

美闘陽子

迷えるロッシーの背中を押した空手ウーマン

かつてこれほど理想的な女子プロレスラーはいなかった。

１７０センチの長身で極真空手の師範代、ルックスもスターの条件を満たしていた。スターダムの設立準備に向けて新人選手を探していた矢先に、出会ったのが極真空手の有段者だった24歳の女性だ。私は彼女を一目見て、新しい団体は成功間違いなし、という気分になった。一度団体を失敗したことは少なからず私の中でトラウマになっていたが、そんな私の背中を押してくれたのが彼女の存在だったに違いない。新団体のエースにふさわしいリングネーム、美しくて強い闘いをする選手、という期待を込めて「美闘」と命名。本名の「陽子」を合わせた。

もともとプロレスファンではなかったため、プロレスラーとしての貪欲さはなかった。恵まれていたゆえに、ハングリー精神など皆無。楽しくプロレスと接していたかったのだろう。

美闘はスターダムの長女みたいな振る舞いで、歳下の同期の優しきお姉さん格。空手のキッズクラスの師範代をしていたから、優しい顔をして厳しくやらせる術を持っていた。旗揚げ戦のメインイベンターという最大の栄誉を与えても、本気でプロレスと向き合ってはいなかった。どちらかといえば二番手の名パートナー役。アントニオ猪木を支えた坂口征二のような立ち位置に甘んじた。まさに典型的な気は優しくて力持ち。愛川ゆず季とのBY砲で初代ゴッデス王者になったが、怪我のため断念。1年で辞めるつもりが1年半もったのだ。

それから4年後にゆずポンの口説きもあって現役に復帰。私は団体として住まいを提供することに決め、不動産の内見にも何軒か付き添った。5★STAR GP2016、タッグリーグと立て続けに優勝し、ゴッデスとワンダーのベルトを取ったが、またも1年半で今度は引退という道を進んだ。

引退試合は彩羽匠と組んで里村明衣子&トニー・ストームと対戦。トニーのストロング・

美闘陽子（びとう・ようこ）…1986年生まれ。170㎝、65kg。スカウトされ、10年にスターダムに入団。エースとして期待されるも、12年にケガなどの影響もあり引退。16年に復帰し、白いベルトを獲得するなどしたが、17年限りで現役を引退した。

ゼロ（ドリル・ア・ホール・パイルドライバー）で敗れたが、意外にもサバサバしていた。後に判明したのだが、この時すでに子どもを身籠っていたから無理なくリングを去ったのだ。

10周年大会の日本武道館では盟友ゆずポンと9年ぶりの競演を披露してくれた。正拳突きからのダブルのカカト落としはランブルのハイライトだった。今の時代にいたら、朱里とのキック合戦や林下詩美や舞華とのパワー対決など、夢のカードが実現しただろう。

鹿島沙希

身体よりも頭を使うスターダムの2期生

沙希は2010年の暮れも押し詰まった12月30日に上京した。デビューこそ旗揚げ戦に間に合わなかったが、実質的な旗揚げメンバーの一人だった。東京に着いて次の日にNEOの解散興行が後楽園ホールで行われたので、一緒に連れて行ったことを覚えている。

当時、新小岩に一軒家を借りて事務所兼寮としてスターダムは始まった。先に寮に入っていた岩谷麻優と世Ⅳ虎に毎月の賄い用の材料費を預けていたが、ある時、沙希から「2人がお金を持っていて自分たちには回ってこない」という苦情が寄せられた。沙希はメキシコから来日した愛リスと同室だったが、私は麻優たちには何も言わないで沙希に材料費を渡すことにした。だが、なぜか沙希と同室になる練習生は入っては次々に辞めていく。だから二期生は沙希しか残らなかった。

ピンク色が好きで、いつもプロレスの話ばかりしていた沙希だったが、デビューした頃からまるで呪いにかかったように覇気を失った。先輩レスラーから執拗に束縛され、他の選手たちとの交流を奪われたのだ。そして沙希は逃げるように実家のある島根県松江市に帰っていった。

それから5年が経過した頃、紫雷イオの仲介で再びスターダムに戻ってきた。沙希は地元でパチプロみたいな生活をしていたという。その沙希は同世代の麻優のいるSTARSに加わり、ゴッデスやアーティストのベルトを巻く。沙希と麻優は幼馴染みのようにいつもたむろしていた。

鹿島沙希（かしま・さき）…1993年生まれ。163㎝、50㎏。11年6月に二期生としてデビュー。13年に一度はプロレスから離れたが、18年に電撃復帰。岩谷麻優の盟友としてSTARSを支えたが、20年1月に突如裏切り、大江戸隊に加入した。

そんな仲良しに亀裂が入ったのは沙希の裏切りからだ。沙希は大江戸隊に入りプロレス生活を謳歌している。コロナ禍の真っ只中だった2020年のゴールデン・ウィークには、沙希が我が家にやってきた。5月1日が私の誕生日ということで、ケーキを持ってきてくれたのだ。この時はUberで出前を頼み祝ってもらった。

最近はTwitter上で私に攻撃してくるが、これはもう阿吽の呼吸。沙希のプロレスは相手の勢いを巧みに利用する返し技が見どころ、虚弱だが一瞬の動きはまさに名人芸だ。まるでベルトに興味がないかのような沙希だが、「私だってシングルのベルトが巻きたいですよ……」と呟いていた。けっして常識のあるタイプではないが、まるで風のような爽やかな人の良さがある。

葉月

プロレスと真摯に向き合う鬼教官

ブシロード体制が始まった矢先、葉月は引退という道を選択した。

それまでのスターダムは花月と葉月が合同練習の指揮を取っていた。そんな中、一部の選手たちが私に「選手はみんなあの2人の練習についていけない。だから練習を仕切ることを止めさせてほしい……」と告げてきた。今となっては選手間の主導権争いがそんな状況を招いたと想像できるが、麻優は選手たちが揺れている雰囲気を察知し、私に「どうにかしてほしい」と頼んできた。私は「だったら選手間で選挙をやって、誰がリーダーにふさわしいか決めよう」と提案した。

記者会見後に選手全員を集め、選挙の趣旨を説明し投票をすることとなった。第一回投票は、岩谷麻優とジャングル叫女が10票、花月が3票だった。私が開封していたから、無記名とはいえ花月に票を入れたのは外国人勢だということは確認できた。決戦投票で叫女に決まったが、麻優は最初から頭に立つ気はさらさらなかった。その日の道場内は怒号が交錯した。次の日から花月と葉月は合同練習に一切参加することもなく、会場への移動も選手バスには乗らなくなった。葉月は大江戸隊のメンバー以外とは話すらしなくなってしまった。

葉月から引退したいと申し出があったのは、当然の成り行きだった。

葉月(はづき)…1997年生まれ。155㎝、52kg。14年にはづき蓮王のリングネームでデビュー。一時休業を経て、HZKに改名して復帰。19年に引退するも、同期のコグマの復帰に触発されて、21年10月に復帰、STARS入りした。

葉月の選手不信はすごいものがあったと思う。たしか私とジュリアが台湾に撮影旅行に行っている最中に、SNS上で波紋があった。「ジュリアとは試合をしたくない。わざと私が負ける……」そのような内容だった。ジュリアは葉月とのスターダム第1戦を控え不安で仕方なかった。私は帰国後にすぐ葉月を呼び出し、「これ以上、不満を言うなら引退セレモニーは中止するから」と釘を刺した。葉月とジュリアの試合はギクシャクしたが、特に波乱は起きなかった。

引退試合が終わってからセレモニーで最後の挨拶をした時に「やっぱりプロレスは、信頼関係がないとできないと思っています。……こういう不本意な引退はしたくなかったし、すると思ってなかったです。これから先、葉月みたいな不本意で辞める人がいないといいなって思ってます。スターダムのことは大っ嫌いだけど、大江戸隊と葉月のことを応援してくれた皆さんのことは大好きです！」という捨てゼリフを吐いてリングを降りていく。引退を覚悟した葉月は、自分を追い出した選手たちに背を向けたのだ。

それから葉月とはまったく接点がなかったが、２０２１年8月になると突然連絡があり、「話をしたい」と言ってきた。これはもう復帰しかないと思ったが、会ってみるとやはり復帰の話だった。「スターダム以外で復帰を考えたことはないのか？」と聞くと、「スターダム一択です」という。

葉月の復帰は、スターダムにとっては激薬である。強い強い刺激なのだ。大阪城ホールでのビッグマッチが復帰戦の舞台、対戦相手は先に復帰していた同期のコグマしかいない。復帰戦は感動的な空気に包まれた。それは葉月とコグマという同期の物語が再び始まったからだ。

練習熱心な葉月はいつも試合前のリングで一人で体を動かしている。コンディションもすっかり復調してきた。葉月は家庭の問題などもあり、なかなか落ち着かないプロレス人生だったが、まだ25歳。これからが葉月の新章、いや〝真章〟になる。葉月に異議を申し立ててきた選手たちはもうスターダムにはいない。きっと、それが真実なのであろう。

フワちゃんのプロレス・デビューによって指導者としての意外な才能も浮かび上がってきた。その妥協なき姿勢はプロレスラーを育成するには最適だ。練習生のコーチも兼ねる今、葉月の真面目なプロレス道が開花する番だ。

コグマ　戻ってきたジーニアス

スターダムが初の両国国技館に進出した2013年4月29日、一人の練習生が興行に参加した。本名にクマ（熊）の文字が入った少女がデビューする時には、コグマというリングネームを付けた。コグマは同年齢の葉月（当時は、はづき蓮王）と寮で同室になり、二段ベッドの上と下で寝食をともにした。互いにライバル心は旺盛だったが、おっとりしていたコグマはいつもマイペース。気性の激しい葉月とは対照的だったが、同期の絆は鉄壁なものがあった。

給料だけでは足りない2人は、揃って居酒屋のバイトに出掛けた。順調に成長したコグマは紫雷イオが育てた新星。ハイスピードのタイトルマッチでは、逸女が逸材を押し上げたのだ。その後、コグマは急に試合に出なくなった。新人には付きものの精神的な迷いみたいな感覚だろう。長期欠場していたコグマがコスチュームをプロレスショップに出したことを知って、私は復帰の意思がな

コグマ…1998年生まれ。150㎝、60㎏。デビューは13年11月。15年3月、デビューから２年足らずで紫雷イオ相手に大金星を奪い、ハイスピード王座を獲得。大きなインパクトを残したが、同年に突如引退。6年後の21年に復帰を遂げた。

いと判断。静かに退団を発表した。

それから4年、葉月の引退試合を観るために、コグマはまなせゆうなに誘われて久しぶりに後楽園ホールにやってきた。「またプロレスやらないの？」と声を掛けると、「はい、やりたいです」と答えが返ってきた。

それから1年、私はとくにアプローチすることもせずいたが……、10周年記念大会の日本武道館でOGを絡めたランブルを計画。コグマに打診すると無条件で出場を約束してくれたのだ。

二回りくらい大きくなったコグマは、まなせゆうなのコスチュームを借りて登場。ジャーマンでぶん投げるなど、あのときの大胆さを垣間見せてくれた。それからは復帰に向かって真っしぐら。体重は10キロ以上も落としたが、まだまだ絞れる。

コグマは岩谷麻優の正パートナーになったが、葉月が追いかけるように復帰。かつてのライバルは今度はチームメイトとなり、タッグリーグに優勝しゴッデス王座を戴冠。まだ24歳になったばかりのコグマは、遊び心をたくさん詰めてプロレスを楽しむ。

AZM

史上最速のハイスピードの申し子

いつの間にか入門して10年以上の時が経ったが、まだまだ20歳と若い。

AZM（あずみ）…2002年生まれ。155㎝、45㎏。11年、9歳でスターダムに入団し、2年の練習期間を経て13年にデビュー。当初はキッズファイターとして活動したが、卒業を表明。17年にクイーンズ・クエストに加入し、ハイスピード戦士として活躍中。

そのプロレスは巧さの権化でもある。リングの中はＡＺＭにとって、6メートル四方の遊技場だ。

スタミナ抜群でロープワークを駆使して大きく大きく回って見せる。ハイスピードというジャンルにおけるマスター級であり、史上最速のチャンピオンと称しても、けっして間違いではなかろう。

ＡＺＭの長所は仲間思いのところだろう。スターライト・キッドが1年間休養していた時には、2人で事務所を訪ねてきたことがある。「もうプロレスはやりたくない」とキッドが言うと、ＡＺＭは「何かあったら私がカバーするから、またプロレスを一緒にやろう」と叱咤激励していた。最近では天咲光由が行き詰まっていると見るや、遊びに連れて行ったりして、プロレスへの気持ちが途切れないように努めたりもした。プロレスで生き抜く苦労を誰よりも見て知っているから、同世代には特に優しいのだ。

次代のハイスピード・マスターが、キッドと同時に赤と白のベルトを巻くときがくれば、まるでエディ・ゲレロとクリス・ベノワがＷＷＦ世界王座と世界ヘビー級王座をそれぞれ戴冠したような感動に包まれるだろう。そんな日がきたら、スターダムを続けてきた意義が見出せるというものだ。

渡辺桃

10代で紫雷イオを下したキックの鬼

10代で紫雷イオを倒してワンダー・オブ・スターダムの王者になり、Ｖ13という記録を打ち立てた渡辺桃は、息の長いレスラーになりそうだ。まだ23歳の若さであの貫禄。クイーンズ・クエストのリーダーを捨てて大江戸隊に走ったが、その佇まいは中嶋勝彦のような強さを兼ね備えている。

渡辺桃は肉体の強さはもちろん、受けっぷりの巧さもピカイチだ。安定した下半身からラッシュする重爆キックの乱打は破壊力十二分。素顔の桃は人の良さが滲み出ているが、無類の白米好きでも知られているほど。事務所に米俵が送られてきたときには、桃が家族に運転してもらい引き取りにきていた。色気よりも食気なのだろう。

私は白いベルトを連続防衛したご褒美として、スーパールーキーの林下詩美とともに写真集撮影という名目でグアム旅行に連れて行った。写真集撮影はあくまでも口実で、2人を楽しませてあげたかったのだ。

渡辺桃（わたなべ・もも）…2000年生まれ。157㎝、60kg。14年11月デビュー。16年に岩谷麻優を裏切り、クイーンズ・クエストに移籍。18年にワンダー・オブ・スターダム王座を獲得（13連続防衛）。21年に大江戸隊に電撃移籍、ヒールに転向した。

桃は良くも悪くもプロレスが変わらない選手だ。来年になればデビュー10周年を迎える。岩谷麻優、ＡＺＭに続く10年選手の誕生だ。いまは大きな欲を出さないが、きっと10周年を数えた辺りから頂点を目指す本気の闘いを見せてくれると願っている。

スターライト・キッド

闇墜ちでブレイクした仮面のヒロイン

ダンスが得意な女の子はスターダムに入り、シルバーの虎に変身した。本当は〝スターダム・キッド〟と名付けたかったが、それでは若い女の子には荷が重すぎる。だから、星の光を放つという意味で〝スターライト〟という名を与えたのだ。順調なデビューを果たしたが、1年も経たないうちに急に休養に入った。まだ中学生だったキッドには、プロレスラーの濃密な人間関係は辛かったのかもしれない。

それから1年後に復帰したが、その間にキッドを励まし続けたのが同世代のＡＺＭだった。あまり復帰に乗り気ではなかったキッドのことを、「私がいるから大丈夫だよ」と常に気にかけた。その甲斐あってキッドは復調。スターダムのマスコットとしての道を歩んで行く。

子どもから大人へと成長したキッドは、ＳＴＡＲＳから大江戸隊に移り、本性を出してきた。それまで人の顔色を気にすることが多かったから、「遠慮なくやっていい」と助言すると、キッドは強欲な素の部分を全面にさらけ出したのだ。

だいたい月に一度のペースで、やりたいことを山のように抱えて、キッドは私を訪ねてくる。私

見せてくれるに違いない。

スターライト・キッド…生年月日不詳。150㎝、49㎏。15年のデビュー以来、正規軍・STARSの一員として活動していたが、21年6月のイリミネーションマッチに敗れ、大江戸隊に強制移動。〝闇堕ち〟をして、黒い虎へと変身を遂げ、旋風を巻き起こした。

の助言を携帯にメモ書きするなど細かい。キッドはいつだって真剣なのだ。

貯金をするのが生きがいだそうで、あの若さでスターダム随一の貯蓄高を誇っている。だが、爆買いすることもなく普段は倹約家。そんなキッドが誰かに恋愛感情を持ち、遊び心を覚えたら、また違ったプロレスを

中野たむ

観る者を引きずり込む情念のプロレス

2017年のはじめ頃、中野たむというレスラーの存在を初めて知った。

中野たむ…157㎝50㎏。ダンサー、アイドルを経て、16年にアクトレスでデビュー。17年にスターダムに入団。大江戸隊、STARSとユニットを変え、現在はコズミック・エンジェルズのリーダー。感情が発揮された、情念溢れるファイトが持ち味。

「本物になる」と言って、アクトレスガールズを退団しフリーになった、そんな話が入ってきた。

同時期に小波が所属していたGPSプロモーションの豊島代表から「中野たむを使いませんか?」という話があった。どうやら豊島さんは、たむのプロレスにおける窓口になろうとしていたようだったが……たむもスターダムに出たいという気持ちがあり、話はわりとスムーズに運んだ。しかし、以後、豊島さんはこの件にはノータッチとなり、たむの代理人と称す者が介入してきた。たむはすぐに大江戸隊に加入し、11月には花月と同時にスターダム入団を果たす。プロレス面に関してはスターダム所属となり、それ以外の仕事は別にやっていく方向だった。

私はたむを売り出すために、電流爆破マッチを敢行させた。この試合は紫雷イオが初めて電流爆破に挑むことが最大の話題だったが、私はたむが主役の座を奪えばいいと思っていた。しかし、試合には勝ったが、たむは主役にはなれなかった。電流爆破最大の見せ場は、爆破されながらも立ち向かう姿だから、火傷をしながら奮闘したイオにスポットが当たってしまったのだ。たむは花月が放った爆破バットを喰らったものの、装置の不具合で爆破しなかったから、ヒロインの座は巡ってこなかった。

その後、たむは大江戸隊からＳＴＡＲＳに移り、敬愛する岩谷麻優のパートナーになったが二番手以上にはなれなかった。星輝ありさと名勝負を繰り広げ、タッグリーグ戦に優勝したものの、パートナーのありさはスターダムを去っていった。

けっして器用なタイプではないたむに、絶好のライバルが出現した。

ジュリアである。

この対決は互いにとってプラスに導いた。木村花や星輝ありさといった好敵手を失ったジュリアにとって、たむは格好のターゲット。白いベルトを巡って何度も闘い、敗者髪切りマッチにまで発展。たむはスターダム10周年大会の日本武道館でメインを張って、ジュリアの髪の毛をバッサリ切らせた。私は大事な10周年という最大のイベントをジュリアとたむに託したのだ。

たむは時々、手料理を持参して私の家まできてくれる。肉じゃが、ハンバーグと料理の腕前は確かだ。特に仕事の話をするわけでもなく、私の話す雑談を楽しそうに聞いてくれる。一緒にたむの手料理を食べるのではなく、彼女はダイエット・チキンを夕食代わりに召し上がる。こういったコミュニケーションは、たむならではのものだ。そんな時、たむは「次は、いつかジュリアと互いの引退を賭けて闘いたい……」とポツリと言った。

木村花

観たかったジュリアとの髪切りマッチ

木村花は、スターダムきってのお騒がせ女だった。

スターダムには2016年の10月から参戦し大江戸隊で活躍した。花月とゴッデス王者になり、ベルトを落とすと、いきなりメキシコに旅立ってしまった。

私はメキシコで花と数日間、マリー・アパッチェのアパートで生活をともにした。花はいつもマイペースで誰にも左右されないし、メキシコで知り合った女性と共同生活していた。フリーとしてスターダムに上がっていた花だが、2019年に入ると「話をしたい」と言われ、2回ほど私の自宅にきている。最初は所属していたレッスルワンに対する不満を話してくれた。「カズ（ハヤシ）さんは何もしてくれない」と。私は「カズは社長なんだから、選手の細かい面倒は見られないよ」と諭したが、これは花なりの移籍を示唆した言葉だった。「これで体を癒やしてください」とマッサージ機をプレゼントしてくれた。そして花はスターダム入団への道を進んだ。

TSC（トーキョー・サイバー・スクワッド）は彼女たちで作ったユニットだが、私は花のリーダー就任を容認し、スターダムを背負う覚悟を与えた。写真集の撮影でマカオにも行った。カメラマンの佐々木さんにとって、花は中野たむと並ぶ理想の被写体でもあった。花はタピオカ・シェイクが好きで、私も影響を受けた。ブシロード体制となったスターダムにおいて、花は団体の顔としてメディアに出まくった。

２０２０年１月の慰安旅行は日光だった。２０１４年から毎年、周年大会後に一泊旅行をしていた。箱根、札幌、富士急、福島、鴨川ｅｔｃ……宴会ではどんちゃん騒ぎをして楽しんだ。私は花とカラオケで『3年目の浮気』を歌った。

２０２１年には10周年を迎えるスターダムだったが、私は花にビッグカードを用意していた。

木村花（きむら・はな）…1997年生まれ。164㎝、58㎏。16年、WRESTLE-1でデビュー。19年にスターダムに入団し、ジャングル叫女らと「トーキョー・サイバー・スクワッド」を結成。個性派揃いのスターダムにおいて、特別な存在感を発揮した。

〝ジュリアとの敗者髪切りマッチ〟だ。花が「いつか髪切りマッチをしてみたい」と言っていたのを受けて、計画したのだ。花もジュリアもこれには同意してくれた。史上最大の因縁対決……1年をかけて花とジュリアのモチベーションとファンの気持ちをマックスまで高めていく。

実のところ、10周年大会はこの2人の髪切りマッチと、岩谷麻優vs星輝ありさという10年ぶりの一騎打ちを早くから柱にしていたのだ。女子プロレスラーにとって髪切りマッチは一つの関所のようなものだろう。これを乗り越えたら本当のレスラーになることができる。実現しなかったが、これは永遠の夢カードとして私の心にファイルされている。２０２０年5月23日、花はああいうかたちで天に召された。「まだまだ自粛が続くので、今度小川さん邸でご飯作らせて下さい！　一緒に食べたいです✨」このメッセージが花からの遺言となった。私は木村花というプロレスラーがスターダムにいたことを絶対に忘れない。

林下詩美

非凡なプロレスセンスを持つ新時代の逸材

スターダムという団体には、〝女子プロレス界の逸材〟といわれる新人が次々に入ってくる。だが、その筆頭はやはり林下詩美に尽きるだろう。

ビッグダディ三女という看板は詩美を説明するには、わかりやすい宣伝材料だ。私自身も『痛快！　ビッグダディ』を録画するほど興味を持って観ていたが、画面越しに出会った中学生の詩美の姿を鮮明に覚えている。

「この子がスターダムに入らないかな？」と勝手に妄想していたものだ。家族が個性派揃いということもあり、詩美は番組ではあまり目立たず、詩美を中心にした放送回もなかった。それでも私の記憶には詩美が強く残っていた。その詩美が入門してきたのだから、取り扱いには厳重な注意を払った。宝城カイリが抜け、紫雷イオも抜けたスターダムに出現した救世主、そんな思いを抱いたものだ。

詩美は天性のプロレス好きが功を奏して、デビュー戦からスポットライトを浴び続けてきた。ジャングル叫女と引き分けでデビューを飾ると、2戦目で中野たむに勝利し、続けて出場した5★STAR GP2018では準優勝を果たした。私の思い描くスーパールーキーの進むべき道をグングン進んでくれた。デビュー5か月目にはゴッデス、フューチャー、SWA世界、EVEインターナショナルの四冠王を達成というスピード出世ぶり。プロレス大賞の新人賞を授賞し、プロレス界の王

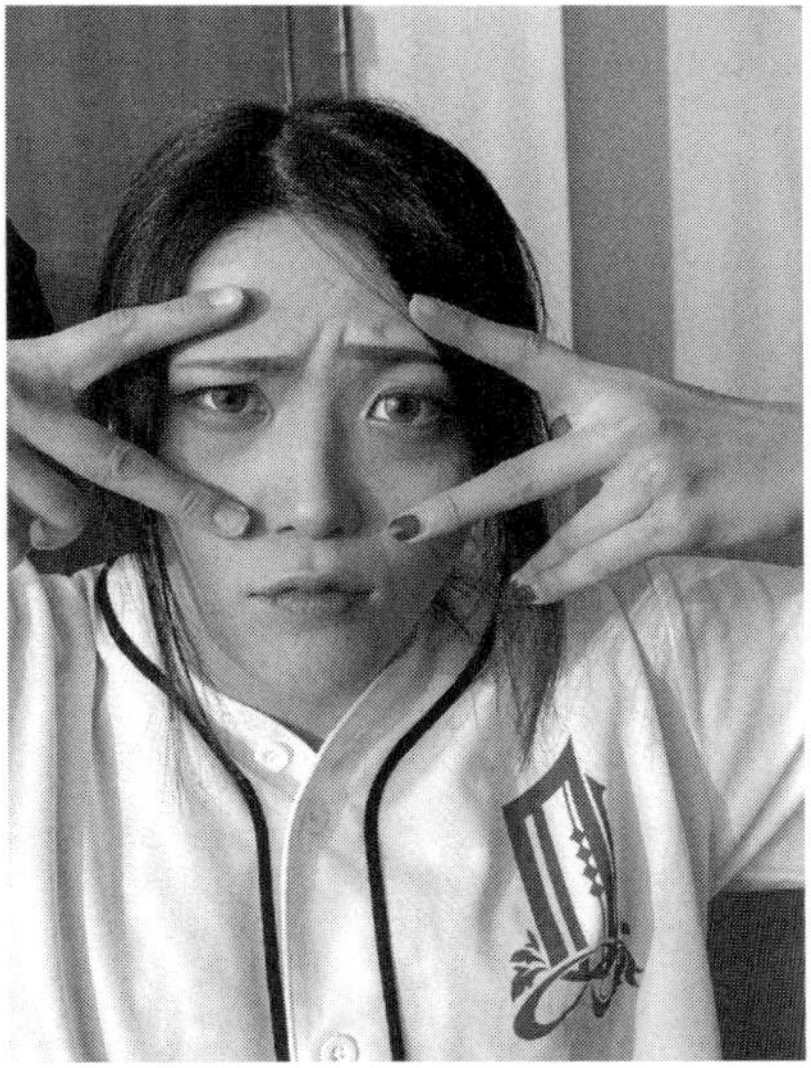

林下詩美(はやしした・うたみ)…1998年生まれ。166㎝、65kg。18年にデビュー。恵まれた体格、高い格闘センス、話題性を兼ね備えた逸材として期待を集める。20年11月にワールド・オブ・スターダム王座を獲得。同王座は9度の防衛に成功している。

道レールに乗っかったのだ。

詩美の非凡なプロレスセンスは、新しいスターとなるには十分過ぎた。2年目は二度も指を骨折してややトーンを下げたが、3年で赤いベルトを奪取して女子プロレス大賞に君臨。逸材が女子プロレス界のトップに躍り出たのだ。

詩美はいつだって冷静沈着だ。そして仲間思いだから、私が最も信頼できるレスラーの一人。赤いベルトの返り咲き、IWGP女子の奪取と、まだまだやらなくてはならないことは多い。

ジュリア
スターへの階段を駆け上がるお騒がせ女

「ジュリアがスターダムに入りたいと言ってます……」

そんな話を耳にしたのは、プロレス関係の友人が集まった食事会での内緒話だ。それは2019年9月初旬のことだった。

そして10月になると「Twitter上でアイスリボンを電撃退団して、その日のうちにスターダムの後楽園ホール大会に登場した。このことに纏わるウラ話は、きっとジュリア自身がそのうちに自伝でも書いたときに明らかになるだろう。

ジュリアがスターダムのリングに上がったことで、大きな話題と批判が舞い込んだ。ブシロード体制への移行に前後するこのスキャンダルは、私としては新体制に対する手土産のつもりだった。

その後、ジュリアは約2か月間、人前から姿を隠した。地方巡業にも同行していたが、バックステージで雑用をしていた。一番辛い時期だったに違いない。

これだけプロレス界を騒がせたのだから、ジュリアをスターダムのトップに育てないと、単なる話題作りで終わってしまう。スターダムのリングに上がってから、苦闘する姿を垣間見てきたが「これは良くなるまで我慢だ」と自分自身に言い聞かせて起用し続けた。ジュリアを成功させなければ、新体制の未来はない。それほど私は入れ込んでいた。

2020年のシンデレラ・トーナメントに優勝するあたりまでは、キャラクター作りや発言などをかなりレクチャーしてきた。その後に白いベルトを奪取し、スターダムの話題を独占し、女子プロレス大賞をはじめ、様々な勲章を手に入れ

ジュリア…1994年生まれ。162㎝、55㎏。17年にアイスリボンでデビュー。19年10月、スターダム後楽園ホール大会に現れ、参戦を直訴。11月に正式入団を果たした。2022年12月、悲願のワールド・オブ・スターダム王座を獲得した。

た。ジュリアの成功により、朱里、ひめか、舞華、なつぽいが加入し、ドンナ・デル・モンドは一大勢力に躍進。ジュリアは時の女子レスラーになったのだ。

こうなるとジュリアの発想力は冴えに冴えてきた。激しさの中にある対戦相手へのリスペクト。ジュリアの試合は心に響くものが多い。まさにmy heart shakes……心が揺れる闘いなのだ。

首の怪我で3か月以上も欠場したが、これはきっとクールダウンしろという神のお告げだったに違いない。テクラ、桜井まい、それから鈴季すずは、ジュリアと同じ熱い血が流れるファミリーみたいな存在だ。ジュリアは5★STAR GP2022に優勝し、再び最前線に浮上、そして頂点を奪取した。これから始まるジュリアの第2章は、スターダムの更なる飛躍の原動力になるだろう。

朱里

UFCにも出場した女子プロレス実力世界一

「ハッスル」の末期に現れたKG（カラテ・ガール）は、ミニスカポリスみたいなコスチュームを着て、ニコニコとした笑顔が魅力的な新人だった。

２００９年、１年前に風香の引退が決まり、私は次の仕事を模索していた。そんな矢先に現れたKGを見て、インスピレーションが湧いていた。「KGをプロデュースしてみたい……次のスターにする」と。そう思ったら行動に出なければ、と知り合ったばかりの若鷹ジェット信介を通じて、コンタクトを取ってもらった。丁度、「ハッスル」の解散が決まった頃で、私は初めて会ったKGにその思いを伝えた。だが彼女にしてみれば、正体の判らない私の話はきっと現実味がなかったのだろう。

KGは新団体スマッシュで朱里というリングネームとなり、女子のエース的なポジションが与えられた。それから縁はほとんどなかったが、ゆずポン祭に一度、ゆずポンの引退前の全員掛けのサプライズ選手として、また両国国技館では6人タッグに出場している。

朱里(しゅり)…1989年生まれ、164㎝、58kg。08年にハッスルでデビュー。総合格闘技やプロレスをまたにかけて活躍。17年にはUFCと契約し、同年9月には日本人女子として初勝利をあげるなど活躍した。スターダムには2020年11月より所属。

それから6年半以上が経った2019年12月、引退していく花月が「朱里さんスターダムに出たがっているから、誘ってください」と言ってきた。早速、夏すみれの自主興行が行われた新木場大会に出向き、終了後に朱里に話しかけたのだ。

話し合いはスムーズに進んだ。「ジュリアが新しいユニットを作るので、そのメンバーとなって欲しい」と告げたが、朱里に異論はなかった。

そうこうするうちにコロナ禍が生じ、興行自体が約3か月見送られた。その間、朱里は毎週一度の割合で亀戸にある事務所にやってきて、2、3時間滞在していった。主に私との雑談がメイン。「キャリアの最後をスターダムで飾ってもらいたい」という入団を誘う言葉も出た。

朱里は覚悟を決めてくれた。スターダムに入団するということは、他団体とは一線を引くということを意味する。築き上げてきた人間関係を断ち切る。そういうことだ。

入団後、地方巡業ではいつも私と朱里は行動を共にする。一緒に移動し、食事も摂る。まるで私のボディガードか、はたまた介護員か。娘のような存在として面倒を見てくれているのだ。

朱里は真面目人間で、いつも思慮深く何かを考えている。朱里の姿勢はスターダムを格付けし、プロの鏡のような人だ。だからこそスターダムで成功して貰いたいし、プロレスラーとしての真価を築いて欲しい。朱里とは運命を感じてならない。

上谷沙弥

ハイフライを武器にするスターダムの不死鳥

林下詩美が女子プロレス界の逸材なら、上谷沙弥はひょっとしたら逸材を超えた天井人なのかもしれない。

小学生から始めたダンスでは世界大会に進出し、第二位を獲得。その後はアイドルを目指して走り出したが、様々なオーディションに不合格して挫折を味わった。

プロレスラー育成のアイドルプロジェクトがなかったら、プロレスとの出会いはどうだったのか……、武器はダンスで鍛えた俊敏な柔軟性。デビュー早々にキャリアがはるか上のアンドラス宮城からフォールを奪ったハイフライで台頭した。

上谷沙弥（かみたに・さや）…1996年生まれ。168㎝、58kg。アイドルを経て、19年8月にデビュー。21年12月に中野たむをフェニックス・スプラッシュで破り、ワンダー・オブ・スターダム王座を獲得。以後、14度の連続防衛を果たし、新記録を樹立した。

詩美とは違った意味でスターダムのスター候補生になると確信したが、若手時代の上谷は精神的に弱くいつも泣いていた。実家暮らしでお母さんもいつも心配していて、私に電話を何度もくれた。大きな試合の前には挙動不審でオドオドしている姿をよく見かけた。

すると「上谷ならできるって言ってください！」と嘆願。そんな不安定要素の塊のような上谷が白いベルトを奪取すると、まるで別人のように自信に漲る王者へと豹変していく。

ひめか　でかくて強くて可愛い未完の大器

「私は欲がないし、ひっそり生きていきたいんです……」

〝ジャンボ・プリンセス〟こと、ひめかが引退する旨を伝えに我が家にやってきた。2022年、ひめかは赤と白のベルトに連続挑戦し、5★STAR GPではベストマッチも受賞した。ひめか的にはやり切ったというのだ。父親が突然に他界したことも引退を早めた理由だという。人間はいつ死ぬかわからない。ならばできる限りやりたいことをやっていきたい。

「一人で山小屋に住んでみたい。私、他人といるのが苦手なので」

だからか、スターダムでの話し相手はパートナーの舞華と、デビュー前からの親友である白川未奈くらいしかいない。

それにしてもそのポテンシャルはまさに未完の大器だった。

でかくて、強くて、可愛いを売り物にしていたが、ひめかが本気になったら、最強の女子レスラーにもなれただろう。フィニッシャーのランニング・パワーボムとジャンピング・ニーパットはでか

ひめか…1997年生まれ。172㎝、65㎏。アイドル活動を経て、17年にアクトレスでデビュー。20年に同団体を退団し、ドンナ・デル・モンドの新メンバーとしてスターダムに入団した。23年4月23日、横浜アリーナで引退試合を行う予定。

い体をフルに使った豪快過ぎる必殺技。

「生え抜きの選手はみんなプロレスが上手いし、団体愛が強い」

ひめかはそんなスターダムに心躍らせて入団した。もう欲はないけど、週プロの表紙にはなりたい。これが残されたプロレスでの叶えたい夢だそうだ。

舞華

格闘能力の高いスターダムの門番

人並み外れた体幹の持ち主で誰よりもお人好し。

舞華は「気が優しくて力持ち」という足柄山の金太郎みたいなプロレスラーなのである。

舞華（まいか）…生年非公表。162㎝、65㎏。柔道の実業団で活躍した後、19年にTAKAみちのくのJUST TAP OUTでデビュー。20年1月、ジュリア、朱里と「ドンナ・デル・モンド」を結成。柔道で培ったパワーを武器に活躍している。

あれだけの肉体を兼ね備えているにもかかわらず、ユニット戦ではもっぱら対戦相手の技を受けまくる。意図してその役を買って出ているかのように、どんな技でもがっちり受け留めるのだ。

柔道で社会人ではトップランクになった。心療系の病院で働いていた経験もあり、暴れる患者を押さえることもあったという。忍耐力は人一倍で面倒見がいい。

それが少なからずプロレスにも反映されているから、損をしているようにも見えるが、それは本人が一番わかっている。舞華が本気のパワーを出してしまったら…その分、相手の技も喰らってしまうから常に白か黒の決着が付いてしまう。縁の下の力持ちはスターダムを守る門番のようだ。

なつぽい

可憐なだけじゃないリングの妖精

〝リングの妖精〟の名を欲しいままにするのが、なつぽいこと、なつぽいだ。

そのビジュアルはスターダム所属の中でも際立っていて、アイドル性は抜群。アクトレスガールズでデビュー間もない頃に、安納サオリと交互にスターダムの試合に出ていた。その頃は白と黄色のコスチュームを着ていたからアイドル感がより強かった。

なつぽい…1995年生まれ。150㎝、47kg。15年にアクトレスで万喜なつみとしてデビュー。東京女子などで活躍した後、20年10月にドンナ・デル・モンドの新メンバーとして登場。22年7月、DDMからの決別を宣言し、コズミック・エンジェルズに移籍。

万喜なつみというリングネームでアクトレスでは安納と人気を二分したが、東京女子プロレスに転身。初代インターナショナルプリンセス王者に君臨した。コロナ禍に入った2020年には試合が組まれることがなく、フリー参戦だったため収入が途絶えた。そこで一念発起し、スターダム出場を決意。私は久しぶりに対面し、その思いを実に4時間も聞いたのだ。

ドンナ・デル・モンドの新メンバーというイメージがピッタリだったから、リングネームを名前のみに改名した。なかなか気に入るアイデアが出てこなかったが、ニックネームのなつぽいをそのまま採用。リング上での自己紹介で思わず、「なつぽいこと……なつぽいです！」と叫んだのだ。

ＤＤＭ在籍時は、ハイスピード、アーティストのベルトを掴んだ。ジュリア色の強いユニットにあって、その立ち位置はマスコットのようだった。

そのなつぽいが今後のプロレス人生を賭け、ＤＤＭを電撃離脱しコズミック・エンジェルスに加入した。なつぽいはライバルの中野たむと進むべき未来を選択し、ゴッデス王座を戴冠。たむ＆なつぽいが揃って私の自宅にやってきた時に、「私は白いベルトを巻くまでプロレスを辞めません！」と真顔で言ってきた。すると、たむも「私も赤いベルトを巻くまで辞めません（笑）」と相槌を打った。可愛い顔をして芯の強いなつぽいの革命を見守りたい。

白川未奈

世界に目を向けるグラマラス・クイーン

胸元を強調したボディコン風の私服を身にまとった第一印象は、とても強烈だった。

良家のお嬢さんとして育ったらしく、青山学院卒業というスターダムにはいないタイプ。しかし、そのグラマラスなその目付き、アダルトな雰囲気はまるで令和の風間ルミなのだ。

東京女子プロレスからスターダムに移り、同じ道を辿ったウナギ・サヤカとはコズミック・エンジェルズの仲間となった。世の中に揉まれに揉まれてきたウナギとは違い、白川は正統派の道を歩んできたようだ。とかくこの2人は比較される。白川としては「私の方が上」という意識があったのだろう。しかし、スターダムではウナギのグイグイ感が凄く、押され気味となった。

そんな白川を変えたのが、リーダー・中野たむとの闘いだ。感情剥き出しのクレージーな一面を出したのである。誰からも愛されてきた〝みんなのちゃんみな〟は、一皮も二皮も剥けて新局面を切り拓いた。コロナ禍が回避されれば海外という舞台が待っている。

「レディース・アンド・ジェントルマン・アテンションプリーズ！」

世界のちゃんみなの躍進す

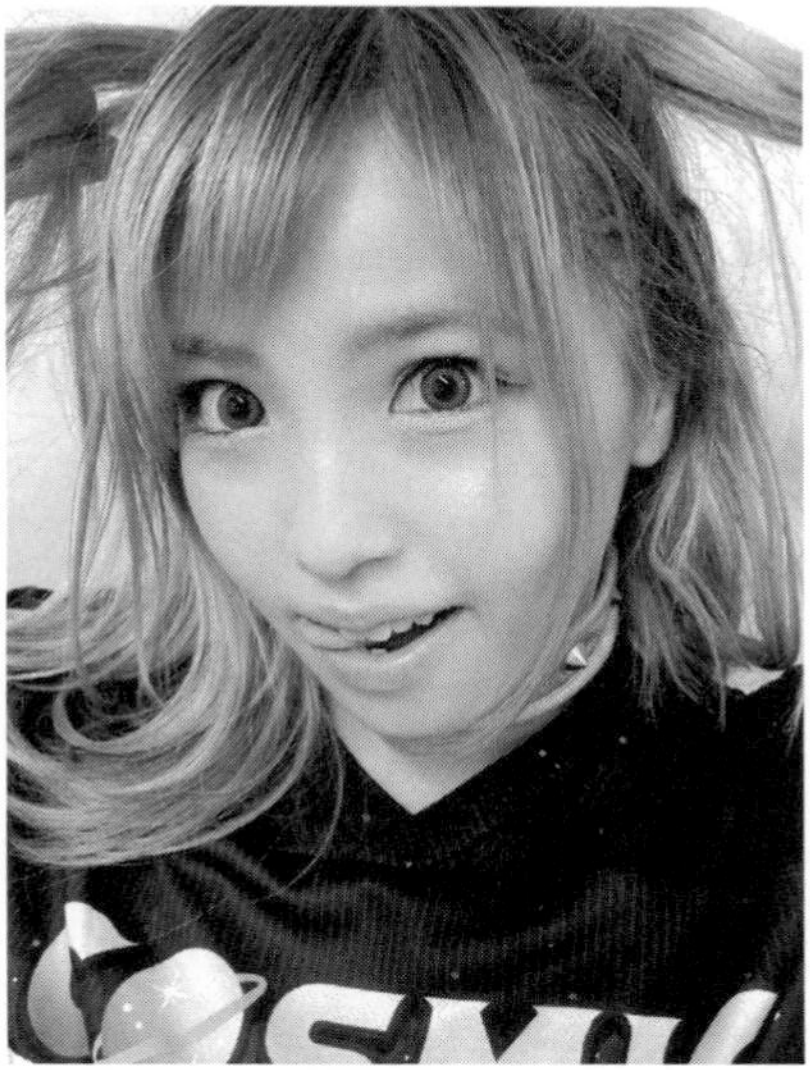

白川未奈（しらかわ・みな）…157㎝、54㎏。グラビアアイドルとして活動後、18年にベストボディ・ジャパンプロレスでデビュー。20年10月にスターダム参戦。22年12月、自身のユニット「クラブ・ヴィーナス」を結成した。

る番だ。

飯田沙耶

リングを色づかせるマッチョゴリさん

身長145センチというかなり小柄なレスラーだが、その鍛え上げられた肉体はトレーニングの賜物だ。紫雷イオ&葉月がKAIENTAI DOJOの後楽園ホール大会に出場した試合を偶然観戦した飯田は、女子プロレスに巡り合った。そしてスターダム入門を希望したが、私は履歴書をレフェリーの村山大値に渡し、連絡を取ることを一任した。林下詩美、上谷沙弥と大型化していたスターダムに、小柄な体はピンとこなかったのだ。

飯田はスターダムに入ったばかりのジュリアと一緒にウエイト・トレーニングを開始した。六本木にあるジムまで通い、食事は鶏むね肉とブロッコリー。毎食このメニューを体が進化するために続けたのである。すると見る見るうちに上腕に筋肉が付いてきた。こうなると筋肉増量のために、トレーニングと食事を徹底した。新人時代に寮に住んでいた飯田は何度かトラブルに巻き込まれている。一度はドアの鍵を忘れて小さな壁の隙間から部屋に侵入したのだが……壁に挟まってしまい身動きが取れなくなって警察に連絡してパトカーを呼んでいる。また部屋のコンセントが漏電し火

飯田沙耶（いいだ・さや）…1997年生まれ。145㎝、54kg。18年にスターダム入門。翌年1月、後楽園ホールでデビュー。同年4月のドラフト会議2019で岩谷麻優の指名を受け、STARSに加入。22年3月に長期欠場から復帰した。

を噴いてしまったため、思わず消火器を部屋中にぶちまけてしまった。

こんな飯田だが膝を負傷し、約1年間の長期欠場を余儀なくされた。その間もコツコツとリハビリに努め、見事に復活してみせた。どんな相手に対しても全力でチョップを撃ち、馬力を加速する闘いは誰もが大好きに違いない。努力の人は今日も慢心せず、パワーで暴れ回る。

南三姉妹

スターダムが誇る未来の象徴

羽南《はなん》、吏南《りな》、妃南《ひな》の三姉妹はスターダムが誇る未来の象徴だ。

南三姉妹…羽南(右、2004年生まれ)と2歳年下の双子の吏南(左)と妃南(中)からなるプロレス三姉妹。スターダムには17年に入団。姉・羽南は17年4月、吏南と妃南は18年10月にデビュー。高校生にしてすでに4、5年のキャリアを持つ期待の星。

羽南の本名は「はな」と読ませるが、同時期に木村花が在籍していたため、「はなん」と名付けた。

三姉妹は柔道を小学校から習い、スターダムの練習生になった。長女の羽南と双子の姉妹である吏南と妃南。新木場で興行を開催していた頃は、グッズ売店に私がいると吏南は必ず腕組みしてきた。本当にちっちゃな子どもだったのだ。

中学生から高校生になると、身長がグングン伸びていく。ほんの2、3か月会わないだけで見違えるほど大きくなったのだ。双子の姉妹は仲が良く、羽南と妃南の関係も良好。羽南と吏南だけは互いに嫌っているから面白い。

栃木県にある実家から通っているだけに、三姉妹のお母さんは車で送り迎えと大変だ。母親にとって興行中は休憩タイムであり、終わると三姉妹を乗せて会場から自宅までひとっ走りする。三姉妹が元気にプロレスでがんばる姿が楽しみであり、励みなのだろう。

身長が168センチになる羽南は「モテなくなるから背は低い方がいいです」と言う未来のアイコン候補生。妃南は学年（高二）で成績が二番という秀才であり、けっしてはしゃぎはしない慎重なタイプ。吏南は見たまんまで自由奔放に生きている。

三者三様だがこの三姉妹が同時にアーティストとかを戴冠したら、多くのファンが涙するに違いない。

テクラ
欧州地下プロレス出身のスパイダー

アイスリボンに在籍中からジュリアに紹介され、何度も面談した世界の毒蜘蛛。

このテクラはジュリアや鈴季すずと同じ匂いがしてならない。プロレス界の飢えた野獣そのもののハングリーさを兼ね備えているからだ。

フランスの地下プロレス出身だけに、リングのない闘いでプロレスラーとしてデビュー。自己流で学んだプロレスはユニークな動きが魅力となっている。プロレスをやり続けるには日本行きがベターな選択だった。そのため恋人と別れ、来日を果たしたのだ。アイスリボンに入門すると道場に寝泊まりした。知り合ったばかりのジュリアとは一緒によく練習したソウルメイトだ。

テクラ…1993年生まれ。155㎝、52㎏。17年、フランスのWUWでデビュー。その後、女子プロレスを学ぶために来日し、アイスリボンに入団。22年にスターダムに参戦し、ドンナ・デル・モンドに加わった。5つの言語を使い、美術学修士号を持つ。

アイスリボンを退団すると今度は海賊マスクを被りスターダムに乱入。ジュリアを慕いドンナ・デル・モンドの新メンバーとして、スターダム初登場ではそのトリッキーな躍動感ある動きに多くのファンが度肝を抜かれた。

Twitterのフォロワーもイッキに増えてテクラの名前が世界中に拡散されていった。母国オーストリアで最も有名な新聞やＴＶ番組でも紹介されるほど、スターダム参戦のインパクトは大きかった。スターダム入団後、ＳＷＡのベルトを奪取したがテクラは怪我に悩んだ。頸椎を痛めてしまい、腕に痺れを感じてきた。そのため約5か月間の欠場を余儀なくされた。途中でなつぽいがＤＤＭに別れを告げると涙が出て止まらないほど悲しがった。首はもう完治した。スターダムでの1年でインディーからメジャーに移り変わり、すっかり考え方も変わってきたようだ。

桜井まい

ブレイクが待たれる悪の貴婦人

〝リングの貴婦人〟桜井まいは品川女子学院からフェリス女学院大学に進学し、国際交流学部を卒業した、英語とハングル語を話す才媛である。

学生時代はクラスメイトに金持ちが多く、皆んなが競うようにハイブランド品を誇示していた。そんな中で桜井はあえて目立たないようにしていたという。学校でハイブランドを身に付けたりすれば、目を付けられ、虐めの対象になるからだ。だから自然に自我を出さないように大人しく生きてきた。

アクトレスガールズに入りプロレスデビューしたが、同期の長谷川美子がＴＶドキュメントで特集を組まれたため、団体は明らかに優遇していた。桜井は熱心に練習をしていたが、試合を組まれないこともあったという。

アクトレスがプロレス活動を停止することを知った桜井は、同期の月山和香とともに先輩のひめかを頼りスターダム入りを直訴してきた。ひめかは後輩と言ってもあまり接点のなかった桜井と月山に優しく接し、話を聞いたその日に私の家に連れてきたのだった。

「強くなりたいんです……」。桜井はスターダムに入り自分を変えたかったと告げてきた。アクト

桜井まい…1990年生まれ。164㎝、55kg。20年にアクトレスガールズでデビュー。強さを求めて、翌年7月にスターダムに参戦。コズミック・エンジェルズに加わったが、目指す方向性の違いから、22年、ドンナ・デル・モンドに電撃移籍を果たした。

レスに退団を申し出るとその代償として、〝解雇〟という問題児扱いにされた。そもそも契約も保障もない状況だったのに、解雇という文字がイメージを傷つけた。

　桜井はミスFLASHファイナリストの肩書きを持っていたが……当初は特に秀でたものは見えなかった。とりあえずコズミック・エンジェルズに入ったが、桜井の目指していたのはジュリアのような存在感のあるタイプだ。少し前は尾崎魔弓率いる正危軍に憧れていた。それは優等生という仮面を付けられた桜井の反骨心のようにも感じられた。

　ある時、深夜に桜井から電話があった。それはコズエンを離脱してDDMに行きたいという気持ちを訴えてきたのだ。

「ダンスの練習するよりプロレスの練習をしたい……」

　コズエンでは特に指導者がいなくて、一向にスキルが上がらない自分自身を嘆いていた。その言葉から間もなく、桜井はＤＤＭに電撃加入を果たした。師事するジュリアの元で鍛えられたい、もっと強くなりたい。ジュリアもそんな桜井のやる気に応えて、マンツーマンのトレーニングに付き合った。

私と初めて２人っきりで食事をした際、桜井は泣き虫なのか、辛いことがあったり感激することがあると感情が抑えられなくて何度もポロポロと涙を流した。ジュリアに対しては従順で、ジュリアの名前を出すだけで涙ぐんでいたほど。また学生時代からの習性か、人の目をひどく気にしている。だから目立たないように一歩引きながら過ごしてきた。

ジュリアにはその点をいつも叱咤され、厳しいアドバイスを受けている。ジュリアへの恩返しは誰に左右されることのない、心身共に強い姿になることなのだ。盟友の舞華とひめか曰く「桜井はウナギより強いメンタルの持ち主」と言う。それは女性だから分かる本音だろう。桜井の中に秘める悪女の要素が爆発する時、本物の悪の貴婦人が誕生する。

MIRAI

プロレス好感度バッグンのニューヒロイン

東京女子プロレスを退団して、４か月間の縛り期間を終えてスターダムに参戦。当初はマスクを

MIRAI（みらい）…1999年生まれ。163㎝、60kg。19年に東京女子プロレスでデビュー。22年、リングネームをMIRAIに改め、スターダムに参戦した。同年4月に「God's Eye」に加入。4月に行われたシンデレラトーナメントでは、初出場・初優勝を遂げた。

被り、かつて新日本プロレスに乱入した海賊男ばりに若手の試合後にリングに現れては襲いかかるデモンストレーションを展開。マスクを脱ぐと舞海《まいうみ》魅星《みらい》改めＭＩＲＡＩとして登場した。

私は東京女子時代、その存在は知ってはいたがコスチュームにインディー感が漂っていたため、正直あまり視界には入っていなかった。話を聞くと生活するためにバイトを掛け持ちしながらプロレスを続けていたという。一度バイト先にファンがやってきたため、顔を隠して所在がわからないようにしたとか。４か月間で肉体改造をしてスターダムにやってきた点は、覚悟を感じた次第だ。

プロレスはグラウンドが得意な本格派。私はＭＩＲＡＩの振り幅のある身のこなしと切り返しに目を見張った。そして毎試合、そのグラウンド・テクニックの妙技を楽しみにしている。

ＤＤＭからGod'sEyeに一方的に移動したため、ジュリアがバックステージでマスコミを前に真意を問うと目に涙を溜めて無言で反応。この涙にジュリアもさすがに言葉を失った。ＤＤＭからの離脱はすっかり仲良くなった桜井まいとの決別でもあったからだ。後楽園ホールの還暦祭でセンダイガールズの橋本千紘と対峙した時も、「悔しい」と試合後に涙目で訴えてきた。プロレスが大好きで、ピュアな心を持ったＭＩＲＡＩはその言動で、多くの観客を支持者に変えてきた。「魂込めて！」というフレーズと三拍子の拍手は好感度ナンバーワンのニューヒロインだ。

壮麗亜美

ロッシー小川が見い出したスターの原石

アクトレスガールズ出身で新人ながら多くの団体に出場し、かなりの評判を受けていた。団体の解散が決まってから、メンバーが次々に進路を発表していたが、私はその去就が気になっていた。だから同じアクトレス出身の月山和香に「コンタクトを取って欲しい」と依頼した。

ブシロード体制後、かなりの数の移籍組が存在するが、全員が自ら志願してスターダムに入ってきた。そういう意味では、私からアプローチしたのは唯一、彼女だけである。

面接のために私の自宅を訪れた姿を見て、あの〝未完のエース候補〟と呼ばれた長谷川咲恵に瓜二つなのにはビックリした。私がしきりに「長谷川咲恵によく似ている」と言うと、「パンチ（田原）

壮麗亜美（そうれい・あみ）…1997年生まれ。170㎝、70kg。20年にアクトレスガールズでデビュー。22年3月のスターダム・両国国技館大会で、朱里のボディーガードとして登場。その後、「God's Eye」に加入した。

さんにも言われました」と答えた。ただ、体格が長谷川咲恵をひと回り大きくしたような状態だったから、「肉体改造をして、少し絞った方がいい」とは伝えた。

朱里がＤＤＭから独立する話が進んでいたため、イメージはひと目で決めた。〝最強のボディガード〟誕生である。彼女の持つポテンシャルは、近未来のスターダムを背負って立つ存在である。詩美、舞華、ひめか、ＭＩＲＡＩと黄金世代はパワーファイターの宝庫。これだけの好敵手に恵まれたのだから、壮麗亜美は飛び出すしかない。

向後桃

全力ファイトが眩しいＳＴＡＲＳのムードメーカー

たしか月山和香の紹介で初対面したのだが、その時に「まだ入団前で図々しいのですが、フューチャーに挑戦できる期限が迫っているので早めに挑戦させてください」と懇願してきた。

他団体の選手がスターダムの若手タイトルを知っていたのは驚きだが、話してみると相当なスターダム・フリークだったのだ。デビュー前から試合会場で観戦をし、デビューした後は配信サイトのスターダム・ワールドで動向をチェックしていたという。

「岩谷麻優さんはトーナメントやリーグ戦になると必ず、鹿島沙希さんに負けちゃうんです」

向後桃（こうご・もも）…生年非公開。165㎝、47㎏。芸能活動を経て、19年にアクトレスガールズでデビュー。21年に同団体が活動休止すると22年1月のスターダム・後楽園大会に現れ、参戦を直訴。ウナギ・サヤカの査定試合を経てSTARSに加入した。

そんなマニアックな話を長々としたものだ。

コモモは志願して憧れの岩谷麻優のいるSTARSに入ることができた。いつもセコンドで一生懸命に声援を送る姿は真骨頂。STARSの雰囲気が一変したのは、コモモの前向きな姿勢からなのだ。膠原病やバセドウ病を患っているため、体重が増えないが、そのボディはムキムキの筋金入りだ。鹿島沙希とのやり取りは絶品。激しいスターダムにあって脱力系のファイトに拍手が飛ぶ。

月山和香

令和の女子プロレス版ハルウララ

月山和香（つきやま・わか）…1992年生まれ。153㎝、52kg。20年にアクトレスガールズでデビュー。翌年9月、スターダムのベルサール新宿グランド大会に現れ、参戦を表明。12月に正式入団。高い会場人気を誇る。

ニューヨーク生まれで英会話ができて、国立の北海道大学卒業という、いかにもエリートなはずなのだが……月山はプロレスにおいてはデビュー2年が経っても未だに勝利なし。そんな記録が逆に売り物になってきた稀な選手である。

いつ初勝利が起きるかは誰もわからないから、月山の試合になると観客は固唾を飲んで観戦する。それはそうだろう。皆んな初勝利する瞬間の目撃者になりたいのだ。そんなファンの淡い夢を背負って毎回奮闘中。体格もがっちりしてきて、まるでキューピー人形のような愛らしさがある。私は月山が繰り出す懐かしのオースイ・スープレックスが好きである。オーストラリア出身のザ・カンガルーズのアル・コステロが得意技にしていた。1968年に目にした技を50年ぶりに蘇らせたのだ。

負けに負けて、悔し涙を散々流してきた。涙の数だけ強くはなってきたが、勝ち星はまた別もの。月山の初勝利は私も目に焼き付けたい。そんな思いにさせてくれる一人だ。

天咲光由

スターダムの未来を担う注目度バツグンのルーキー

デビュー前からTwitterのフォロワーが3万人近くもいて、「週刊プレイボーイ」や「ヤング・マガジン」で水着グラビアを飾った。注目度抜群のルーキーであり、彼女をいかに一流レスラーに育て上げるかが、スターダム全体の使命だろう。

まだ20歳という年齢だから、同世代のファンを取り込むことも十分に可能。そのルックスを画像で見た紫雷イオをして「ついに日本の女子レスラーで韓流っぽい選手が出てきたんだと興味を持っ

天咲光由（あまさき・みゆ）…2002年生まれ。162㎝、54㎏。22年3月11日の「NEW BLOOD」のメインイベントで林下詩美を相手にデビュー。青年誌のグラビアを飾るなど、デビュー直後から注目されている新世代の期待の星。

た」と言わせたスター性の持ち主。学生時代にはイギリスやアメリカに留学経験もあり、バイオリンを習っていたという恵まれた環境で育っている。

意外にも携帯の麻雀ゲームが好きで、雀卓デビューするのを楽しみにしていた。先輩選手に甘え上手で皆んなに可愛がられるスターダムの妹だ。「天辺に咲く」という意味を込めて天咲と名付けた。本当に天辺に咲くまで、見守ろうじゃないか。

ダーク・エンジェル

ＷＷＥのエージェントも務めたマッチョボディ

ＣＭＬＬで活躍し、その後はＷＷＥでエージェントを務めたダーク・エンジェルことサラ・ストック。２０００年代に入ってから、私が最も深く付き合っている外国人であることは間違いない。

サラは２００５年10月にAtoZに初来日させたが、その前からメキシコの「ＳＵＰＥＲ　ＬＵＣＨＡＳ」誌が大々的に売り出していたから名前だけは知っていた。ルチャ女子では他にいない抜群のスタイルを誇っており、そのマッチョボディは鍛え込まれた証だった。

日本滞在中は私が面倒見ていたが、どこかで新しい外国人スターを発掘したいという思いが強かった。翌年9月にはＪＤスターの海外研修という名目でメキシコシティに飛んだ私はサラと再会した。それからメキシコに行くたびにサラと接触。２００９年2月の風香祭にはサラを招聘し、大会に華を添えてもらった。新木場1stRINGでの昼夜興行とはいえ、メキシコからの渡航費等を考えると採算の合わないことをしたものだ。

ＣＭＬＬとＴＮＡを掛け持ちし、スター街道を走るサラは、昼夜大会で持参してきたグッズを20万円も売り上げた。その売り上げを使い、ヨドバシ

ダーク・エンジェル…本名、サラ・ストック。1979年生まれ。165㎝、57㎏。02年にデビュー。ダーク・エンジェルとして活動後、WWEのエージェントに転身。初来日は05年10月、10年4月にはスターダムに参戦し、白のベルトを獲得している。

カメラでMacBookを購入している。

風香の引退試合にもサラをＨＩＲＯＫＡ、プリンセサ・スヘイと共に招聘。ところが飛行機に乗り遅れて、泣きながら電話を掛けてきたのだ。日本時間の深夜だったから、これにはあたふたした。結局、風香の引退試合には間に合わなかったが、私はその後、新木場でサラとスヘイをメインにした大会を企画（エストレージャ★ジャパン）していたから呼ばなくてはならない。そうしたサラを来日させ、スヘイ戦に勝利するとアルシオンの遺産だったスカイハイ・オブ・アルシオンのチャンピオン・ベルトを進呈した。スターダムを設立してからも、デビュー10周年大会や引退試合など、サラの希望を叶えたのだ。

サラはいつも蒸した鶏肉とブロッコリーをタッパーに入れ持ち歩き、4時間置きに食事を取っていた。一度、ドラゴンゲートを観戦に行き、最前列で見ていた時も、時間がきたからと言って鶏肉を取り出して食べていたこともあった。とにかく食事のコントロールが生活の第一だったのである。

夢だったWWE入りはレスラーとしては無理だったが、コーチに起用され、ほどなくしてエージェントに昇格。日本公演に来日した際には宿泊するホテルに会いに行き食事をともにしたが、どこか孤立しているようにも見えた。「エージェントは特定の選手と接しちゃダメなんだ」と説明してくれた。またエージェントの仕事はＴＶモニターを見ながら、レフェリーに指示を与えたり、ツアーでの興行の売り上げ報告まで持ち回りで行っているという。２０１８年4月にはニューオリンズで開催された「Hall of Fame」に招いてくれ、レスラー&家族と同じバスに乗ることができた。

会場に着くとケータリングで食事をしながら、サラは「一緒に写真を撮りたいレスラーがいたら私に言って」と言ってくれた。その言葉に甘えて、ランディ・オートンやボブ・バックランド、ベッキー・リンチとツーショットを撮影。そのときサラは仕事のストレスからか、かなり巨大化していた。私の誕生日になると必ずメッセージをくれていたが、2021年に入るとWWEからリリースされたというニュースが入ってきた。最近のサラはスリムになり、キャンピングカーを走らせて悠々自適な生活を謳歌している。まあ、よくがんばったではないか。

チェルシー

オールド・スクールスタイルのアメリカンビューティ

スターダムのアメリカ支部長だったメリッサから複数枚の写真データが送られてきた。2015年当時、外国人のブッキングはメリッサに一任していたから、スターダム向きの新しいタレントをまた探してくれたのだろう。そう思い、その写真データを開くと、まるでモデルばりのプロポーションの美女が映っていた。それがフロリダ州タンパにいたチェルシーである。

聞くところによると、WWEでもキラー・ビーで活躍したブライアン・ブレアの姪にあたるという。私は写真を見ただけで、新しい外国人スターとなることをイメージした。だから来日前からガ

チェルシー…1994年生まれ。168㎝、57㎏。12年にデビューし、15年に来日しスターダムに参戦、同年5月には、宝城カイリ、コグマとアーティスト・オブ・スターダム王座を獲得。16年を最後に来日は途絶えている。

イドブックの裏表紙に起用し、ファンの期待を煽る作戦に出たのだ。

　チェルシーは長身の正統派、80年代のアメリカン・プロレスに傾倒しており、クラシックなオールド・スクールと称されるスタイルを好んでいた。スピニング・トーホールドを披露した際は、会場のオールド・ファンを喜ばせた。カイリとの「キャンディ・クラッシュ」ではグアム島に連れて行き、写真集の制作をしたほどの特別扱い。チェルシーはサービス精神が旺盛で、名前が売れて酒の席に誘われるようになると翌日の集合時間に遅刻することもあり、怒ったこともあった。

　そんな浮かれていたチェルシーだが、翌２０１６年の春に来日すると一段とプロ意識に芽生えていた。トニー・ストームやシャナといった好敵手にも恵まれ、ようやく素質が開花していくところだった。あれから7年の年月が経ったが、チェルシーの噂はとんと耳にしない。

トニー・ストーム

数々のタイトルを戴冠した外国人エース

スターダムが旗揚げした頃から、ゆくゆくは外国人エースを誕生させたいという願望があった。それにはビジュアルが良くて、プロレスが上手いことが必須条件だった。当初はダーク・エンジェルに白羽の矢を立てたが、彼女はすでにＣＭＬＬのスター選手でＴＮＡでも実績があったから長期滞在は難しい。次にサンタナ・ギャレットを当てはめてみたが、日本のファンにはアダルト過ぎた。そうこうしていたら本命が現れた。それがオーストラリアでデビューし、イギリスで活動していたトニー・ストームだ。

初めて会ったのが２０１６年5月の欧州遠征で、太腿が異常にデカかったのが印象的だった。トニーの試合運びは昔懐かしい、ビル・ロビンソンのようなキャッチ・アズ・キャッチ・キャンの伝統的なブリティッシュ・スタイル。レスリングの技術に長けていたし、日本スタイルのガッチリとしたプロレスもこなす。いわば逸材だ。バルセロナではサンタナと教科書のようなチェーンレスリングを展開した。ＳＷＡ世界王座争奪トーナメントでは紫雷イオと初代王座を争ったし、7月には早速来日させている。もうこの時点で、トニーは外国人エースのパスポートを手に入れていた。私のお眼鏡に適ったのである。イオからＳＷＡのベルトを奪取した試合はトニーの出世試合だった。

トニー・ストーム…1995年生まれ。165㎝、65㎏。09年に13歳でデビュー、以後、イギリスを主戦場とした。スターダムには16年に初参戦。5★STAR GPに優勝し、赤いベルトも獲得した。17年にWWEに移籍。22年現在はAEWに所属。

２０１７年の来日ではシンデレラ・トーナメントと５★ＳＴＡＲ ＧＰに連続優勝。この二大祭典を１年で制覇したのは、トニーだけである。アクシデントとはいえ、岩谷麻優から赤いベルトも奪取し、スターダム・アワードではＭＶＰを受賞。得意技はストロング・ゼロという高速のドリル・ア・ホール・パイルドライバーでそのインパクトは抜群。何度も来日しているうちに、すっかり親日家になったトニーは、コンビニでよくゆで卵を買っていたし、ラーメンや餃子が好物だった。

ＮＸＴ・ＵＫに入団してからも招聘したら真っ白なチャンピオン・ベルトを持参し、誇示してくれた。このベルトは里村明衣子も巻いたイギリスでの勲章みたいなもの。ＷＷＥのロースター入りしたというニュースに続いて、リリースされたのも早かった。以前から「ＷＷＥは好きではない」と語っていたが……すると早速、「スターダムにきたい」と連絡が入った。

第七章
ロッシー小川が選ぶ
スターダム名勝負23

2011年1月23日、新木場1st RING
◆スターダム旗揚げ戦

美闘陽子 vs 世Ⅳ虎

「私が選手を集めるので新団体を作ってください」

風香のそんな言葉から誕生したスターダム。風香の頭の中には女子格闘技の選手数名の名前があり、とにかく頭数の選手が必要だった。

アルシオンが結果的に失敗に終わり、私の中で団体運営の厳しさは身に染みていたからすぐには返事ができなかった。それまで私は割と何ごともポジティブに考えるタイプだから、ノリでどんどん進めてきたが……人間関係や金銭問題の大変さは尋常ではない。それでも愛川ゆず季をプロレスラーとして育成するプロジェクトと並行して、新団体設立が進行させていった。プロレス団体は寄せ集めではうまくいかない。プロレスに対するイズムが違うと、どこかで波長が合わなくなるからだ。だから生え抜きを育て上げ、団体の目指す方向を示さなくてはならない。

２０１１年５月、世Ⅳ虎は最初に練習に加わったメンバーの一人だった。その時の練習相手は須佐えり、夢（キッズ）、ＲＩＣＡ（風香祭リングアナ）たちだ。それから2か月後に美闘陽子が加わっ

世Ⅳ虎に激しいキックを見舞う美闘陽子

た。この美闘と世Ⅳ虎の2人は適応能力があり、ずば抜けていた。だから旗揚げ戦が決まると、美闘と世Ⅳ虎のシングルマッチを組むのは必然だった。

新しい団体は新しいスターを輩出しなければ未来はない。アルシオンは再生工場という役割があったが、スターダムは生え抜きにこだわった。しかし、スターダムに加わった高橋奈苗と夏樹☆たいようのプライドもある。奈苗たちは当然、メインで旗揚げを飾りたかったが、キラキラとした新人がこれだけ集まったのだから、やはり生え抜き同士をメインに抜てきしなければ新団体の勢いは見せられない。そこで私は、美闘vs世Ⅳ虎、そして岩谷麻優vs星輝ありさという生え抜きのカードをメインとセミに置いたのだ。奈苗と夏樹とゆずポンは第一試合で新団体の門出を披露してもらう策を用いた。

世Ⅳ虎はそれまでギャルのような雰囲気だったが、旗揚げ戦のメインが近づくと化粧を落としてスッピンでリングに登場した。金髪で薄い眉毛に金のツナギ、その出立ちだけでヤンキー（ヒール）を印象付けた。対する美闘は絵に描いたような正統派だ。世Ⅳ虎の試合巧者ぶりが際立ったが、美闘は風香譲りのドールBを炸裂させ勝利を飾ったのだ。

スターダムは美闘と世Ⅳ虎の奮闘が評価されてスタートした。もうあれから12年が経過した。

２０１１年７月24日、後楽園ホール

◆初代ワンダー・オブ・スターダム王座決定戦

愛川ゆず季 vs 世Ⅳ虎

旗揚げから半年でプロレスの聖地、後楽園ホールに進出したが、これは団体の成長を見越してのこと。新しい団体は斬新なアイデアと行動力が必須だ。

初の後楽園開催に合わせて、スターダムのタイトルを2つ新設した。赤いベルトのワールド・オブ・スターダムと、白いベルトのワンダー・オブ・スターダムである。通称〝赤と白のベルト〟は全女のWWWAシングルとオール・パシフィックをなぞったものだ。馴染みのあった名前を使えば覚えやすい。ベルトをスターダムのシンボルであるスター（星）型にしたのは、プロレス界初の斬新なアイデアと自負している。デザインは旗揚げ当初の1月から用意していた。納期は2か月で前払い、デザインのデータはメールで送信した。

赤いベルトは世界に通用する〝最強〟を意味するもので、白いベルトは団体を〝象徴〟する選手が巻くという定義を作った。だから白いベルトは旗揚げから最も勢いがあった愛川ゆず季と世Ⅳ虎で王座決定戦を行うことに決めたのだ。試合はゆずポンが得意のキックを乱れ打ちにし、最後はゆずポンキック（カカト落とし）を的確にヒットさせて勝利した。

私からベルトを受け取ったゆずポンは、その場でキャンバスをスタジオに見立てて寝そべり、グラビアポーズを披露した。こういった絵作りはさすがにタレントだけのことはあった。黄色のコスチュームと白いベルトは新しいチャンピオンをより輝かせていた。

2012年8月5日、後楽園ホール
◆ワンダー・オブ・スターダム選手権試合

〈王者〉愛川ゆず季 VS 〈挑戦者〉美闘陽子

白い王者のゆずポンは絶好調だった。

タッグパートナー同士の白いベルト戦は、激闘の末、愛川ゆず季が防衛した

通算8回の防衛の折り返し点となった4度目は、因縁の美闘陽子との対決だった。

その年の5月に予定していた同カードは試合直前でゆずポンが強い腰痛に見舞われた。数日前に夕陽のデビュー戦の相手をした際に腰を痛めていたのだ。タイトルマッチまで日がないため、ありとあらゆる処置を試みた。試合の前夜まで新日本プロレスのレスラーが懇意にする岐阜の治療院まで出向いたが、治るには至らなかった。そのため当日、試合をキャンセルしたのだ。

そんな伏線があったが、ゆずポンと美闘はタッグパートナー同士だから、関係に亀裂が入ることは皆無でタイトルマッチに挑んだ。試合は終始、ゆずポンがリードした。ハングリー精神の塊であるゆずポンは常にアグレッシブな蹴りを叩き込む。この蹴りは息ができなくなるくらい強烈なもので、当時の選手は高橋奈苗以外みんな嫌っていた。空手有段者の美闘は気が優し過ぎて、そのポテンシャルの全貌を見せることはついぞなかった。

「私が本気で蹴ったら、みんな起き上がれない」

何処かでそんなブレーキをかけていたから、怒り狂った姿は一度も見せなかった。待望の初対決はゆずポンがタイガー・スープレックス・ホールドを初公開してがっちりと防衛した。ゆずポンの快勝というべき試合内容だったが……美闘はその後、怪我のため引退したいと告げてきた。もうプロレスをやる気力が失せていたのだ。それから4年後にゆずポンが「またプロレスやった方がいい」と美闘を事務所に連れてきた。不完全燃焼の大器が再び戻ってきたのだった。

２０１３年11月４日、後楽園ホール
◆ワールド・オブ・スターダム選手権試合
〈王者〉**紫雷イオ** **VS** 〈挑戦者〉**高橋奈苗**

「５★ＳＴＡＲ ＧＰ２０１３」優勝者の高橋奈苗は赤いベルトの初代王者である。そんな奈苗が若き王者の紫雷イオに挑戦した。イオは奈苗が敗れたアルファ・フィーメルに勝って赤いベルトを奪取。だから奈苗は避けて通れない相手だ。

最高峰の王者になってからイオは苦闘が続いていた。王座を獲得したアルファ戦でローリング・ソバットを何度も空振りし、けっして心が晴れる勝利ではなかっただけに落ち込んでいたのは確かだった。だから奈苗との試合はイオの真価を発揮させるためにはどうしても必要な闘いだった。

2人はキャリアで11年、年齢で12歳も違うだけに、まさに世代闘争に近かった。

やはり経験とパワーで勝る奈苗は厄介な相手だ。イオは奈苗の重爆攻撃に見舞われ、試合中に両足が攣ってしまい動きが遮られた。そんな状態で時間は刻一刻と過ぎていく。残り試合10秒になってから、イオはマヒカ・デ・イオ（マヒストラルの体勢からレックロール・クラッチ）で一発逆転に出た。勝負タイムは29分59秒……この試合は決着を付けることに意義があったのだ。

その後のイオは貫禄が備わり、名実共に王道を歩んでいく。奈苗との一戦はイオを大きく成長させたのである。

〈王者チーム〉高橋奈苗&宝城カイリ VS

２０１４年12月23日、後楽園ホール
◆ゴッデス・オブ・スターダム選手権試合

〈挑戦者チーム〉彩羽匠&世羅りさ

ゆずポンロスからすっかり立ち直ったスターダムは次なる全盛期を作るべく、タッグ戦線に力を入れていた。

ゴッデス王者の七海里を始め、サンダーロック、そして彩羽匠と世羅りさの武士女を中心に新しいドラマが控えていたのだが……匠と世羅は剣道の有段者であり、同世代という共通点もあり息の合ったタッグチームとして始動した。世羅はアイスリボン所属ながら、私はスターダム所属と同様のチャンスを与えていた。長身の2人は女子プロレス伝統の男女カップルのような雰囲気があった。かつてのビューティ・ペアやクラッシュ・ギャルズも2人で一つという売り方をしていただけに、スターダム流のアレンジだった。

2014年掉尾を飾る後楽園大会に武士女を挑戦させ、新たな息吹を感じさせたかった。試合は白熱した闘いとなり、激しさもボルテージが上がった一進一退。ここでなんと奈苗は世羅の顔面めがけて頭突きを放ったのだ。一つ間違えれば眼底骨折にもなりかねない一撃。それだけギリギリの争いだった。奈苗もカイリも容赦なく攻めまくり王座を死守し、スターダム・アワードのベストマッチ賞にも輝いた。

試合後、私は奈苗を呼んで顔面頭突きを厳重注意した。プロレスとは怪我と背中合わせの闘いだが、あえて怪我させる方向に踏み出さなくてもいい。時代の分岐点になる試合だったが、翌年になると匠は長与千種率いるマーベラスに入団し、世Ⅳ虎vs安川悪斗以降にアイスリボンはスターダムから撤退していく。まさに世の中、一寸先はわからない。

２０１５年２月22日、後楽園ホール
◆ハイスピード選手権試合
〈王者〉紫雷イオ vs 〈挑戦者〉コグマ

この日、一人の新星が誕生した。

のちにハイスピード・ジニアスと称される17歳（当時）のコグマである。

世界最速の王座と言われるハイスピードは２０１０年に解散したＮＥＯが作ったタイトルで、ベルトのデザインを華名（現ＡＳＵＫＡ）が担当し、夏樹☆たいようの手によって世に送り出された。ＮＥＯ解散時のチャンピオンが夏樹だったため、スターダム旗揚げに参画した夏樹を考慮し、運営管理が移ってきた。だからベルトの中央には、ＮＥＯの文字が入っている。この夏樹を中心に回っていた王座が紫雷イオに移動したことで、新たな時代に突入したのだ。

まだあどけない表情のコグマ（左）。その天才的な動きで紫雷イオ越えを果たした。

イオは赤いベルトと同時に保持していたこともあり、その王座が燦然と輝いていた。そこに現れた挑戦者が２０１３年11月にデビューした、キャリア１年のコグマだったのだ。

コグマはプロレス少女というべき天才的なセンスの持ち主で、体操着のようなコスチュームが昔懐かしく男性ファンを喜ばせていた。とにかく動きが素早く、吸収も早い。地元の福岡（博多スターレーン）で初挑戦した試合は、敗れたものの見事な大善戦だった。この奮闘ぶりを見て私はコグマの可能性を大いに感じたものだ。

とにかくコグマには恐れ知らずのとてつもない勢いがあった。２度目の挑戦は3か月後に早くもやってきた。どこか私の中で〝コグマ待望論〟があったのだろう。イオと真っ向から闘っても、決して見劣りするところがなかった。最後は正面から回転しながら飛び付いて、空中で回転するコグマ式ヨシタニックでフォールを奪ったのだ。

この時代の選手はカイリにしても、麻優にしても、イオが次々に実力を引き出してきた。このイオvsコグマはアートであり、代表的なハイスピード戦だった。ただ残念ながら、この日のメインで世Ⅳ虎と安川悪斗が不穏な試合をしてしまい、コグマ戴冠劇は大きな話題にはならなかった。

2015年3月29日、後楽園ホール
◆ワールド・オブ・スターダム王座決定戦
紫雷イオ vs 宝城カイリ

1か月前の世Ⅳ虎と安川悪斗がプロレスのルールを越えた喧嘩マッチに発展し、悪斗は顔面を数カ所骨折し病院送りとなった。

この試合はプロレス界でも物議を呼び、遺恨を残し、それ以来スターダムは変革していかなくなったのは紛れもない事実だ。私とGMだった風香、選手代表の高橋奈苗が減俸処分となり、世Ⅳ虎には無期限の試合出場停止という処分を課した。当時、赤いベルトの王者だった世Ⅳ虎の王座は剥奪し、新王者を決めなくてはならない状況下にあった。そうして、前王者の紫雷イオ、挑戦経験

トーナメントを制し、涙の戴冠を果たした宝城カイリは、スターダムの救世主になった

のある木村響子、そして宝城カイリとマーベラスに移籍した彩羽匠で決定トーナメントを行うことにしたのだ。

その決戦前夜、カイリは事務所にきてトーナメントに備えていたが……そこにある選手から電話があった。

「カイリが出るのはまだ早い」

そう言って、カードを変更するように仕向けたのだ。その選手は風香やイオにも同様の連絡をしたが、誰も私が決めたカードに異論はなかったから同意しなかった。その模様をカイリは目の当たりにしていたから動揺は隠せなかった。決定トーナメントは彩羽匠を破ったイオと木村響子を破ったカイリで、新王者を決めることになった。前王者で10回連続防衛の記録を持つイオは順当に勝ち上がってきたが、カイリはキャリア3年だけにいかんせん経験不足は否めなかった。カイリはイオとの試合中にマリンスパイクを放った際に足首を負傷。足を引きずりながらイオに挑んだ。そして渾身のダイビング・エルボー。当初は繋ぎ技だったが、必殺技として生まれ変わったのだ。新王者となったカイリは翌週の週刊プロレスの表紙を飾り、スターダムの救世主と称えられた。

カイリがトップレスラーとしての階段を昇った試合だ。

2015年12月23日、後楽園ホール
◆ワールド・オブ・スターダム選手権試合
〈王者〉里村明衣子 vs 〈挑戦者〉紫雷イオ

世Ⅳ虎vs安川悪斗がプロレス界で物議を呼んだ喧嘩マッチだったため、スターダムは大きな損害を被った。

まず闘った2人の選手を失ったこと。眼窩底骨折と鼻骨骨折をした悪斗は半年後に復帰したが、それは引退試合をするための復帰だった。再びリングに上がってから3か月でプロレスと決別したのである。そして選手の大量離脱。その試合と前後して彩羽匠、高橋奈苗、愛星ゆうな（まなせゆうな）、コグマらが次々にスターダムから去っていった。選手の大量離脱は団体にとって大きなダ

メージだ。

その立て直しのため紫雷イオ、岩谷麻優、宝城カイリが三人娘として中心的な存在となりスターダムを牽引していったのは言うまでもない。

まずカイリが赤いベルトを奪取し、スターダムの救世主と称された。スターダムの残された光だったのは事実で、約4か月間だったがカイリ時代が幕を開けたのだ。カイリは4度目の防衛戦で一度は引き分けた里村明衣子に敗れ散った。スターダムの至宝が他団体に流出したのである。

これを追って岩谷麻優がセンダイガールズとの対抗戦に勝ち抜き、里村への挑戦権を獲得。プロレススタイルに違いがあり、噛み合わない試合の末、麻優は敗れる。カイリ、麻優と続けて負けてしまうと、スターダムには元王者のイオしか残っていなかった。

イオは仙女が唯一認めていたスターダムの選手だ。仙女のビッグマッチには頻繁に出場していたし、そのプロレススキルは群を抜いていたからだ。里村とのタイトルマッチはスターダム最後の切り札。イオは背水の陣で挑んだ。試合でイオはカイリのダイビング・エルボー、麻優のドラゴン・スープレックスを意図的に使って見せた。これはスターダムの仲間を背負っている意味からだ。イオはムーンサルト・プレスで里村を仕留めると、麻優とカイリが肩に乗せてベルト姿を誇示した。

トップ同士によるタイトル戦、王座を失ったばかりの里村は「またベルトを狙います！」と宣言して潔くリングを降りたのだ。イオは２０１５年から２０１７年まで女子プロレス大賞を３連覇したが、この王座戴冠がそのきっかけになった。イオが本当に欲しかったのが２０１３年で、それから2年の時間を要して受賞にこぎつけたのだ。

2016年5月15日、後楽園ホール
◆ワンダー・オブ・スターダム選手権試合
〈王者〉サンタナ・ギャレット VS 〈挑戦者〉宝城カイリ

博多スターレーンで紫雷イオを下し、白いベルトを奪取したサンタナ・ギャレットは、いつの間にかアメリカで9度の防衛に成功していた。

私はサンタナに「アメリカでの防衛を許可」したが、9回も防衛するなんて思ってもみなかった。だから終いには「防衛戦はしてはならない」と警告したのだ。何故ならばサンタナはローカル大会でも同じ相手と防衛戦を繰り返していたから、これではベルトの権威を損なう。

そんなサンタナの前に現れたのが、2度目の挑戦となる宝城カイリだった。カイリは前年に赤いベルトを獲得しており、白いベルトにはまさに最適なチャレンジャー。当時のカイリは白のコスチュームを着て、白いベルトを意識していた。試合巧者のサンタナはクラシックなチャンピオンで、伝統のアメリカン・プロレスの申し子。強烈な必殺技こそないが、とにかく堅実なレスリングを展

開する。スペインで観たサンタナとトニー・ストームの試合はプロレスの教科書そのもの。技の切り返し合いに終始したものだ。

カイリは試合中、三角飛びのプランチャをなぜか、誰もいない場外に放った。これはスターダム版の珍プレーである。

2016年7月24日、エディオンアリーナ大阪第二競技場
◆SWA世界選手権試合

〈王者〉紫雷イオ vs 〈挑戦者〉トニー・ストーム

この年の5月に私は紫雷イオ、岩谷麻優、宝城カイリの三人娘を帯同し初のヨーロッパ遠征を実現させた。

スペインのバロセロナを拠点にフランス、イギリスにも足を延ばして3日間で3試合を強行。バルセロナのサグラダファミリアをバックに三人娘が週刊プロレスの表紙を飾ったのは懐かしい。カメラマンの柳、映像撮影班の増村、週プロの成川記者、サンタナ・ギャレット、ディオサ・アテネアも同行しヨーロッパを謳歌したものだ。バルセロナで食べたパエリアやイカ墨スパゲッティの美

味しさは忘れられない。

このツアーではSWA世界選手権を新設し、決定トーナメントを開催した。SWAはスターダム・レスリング・アライアンスを意味し、かつてのNWAのようなプロモーター連盟を目指して発信した。だからトーナメントも8か国からトップ選手を集めて組んだ。各国の代表選手を誰にしようか考えるだけでも、ウキウキしたものだ。

日本からイオ、アメリカはサンタナ、メキシコはアテネア、そしてドイツからアルファ・フィーメル、イギリスからハイディ・カトリーナ、スコットランドからケイ・リー・レイ、地元スペインからドラゴニータ、オーストラリアからトニー・ストームが代表選手に選ばれた。そこで目にしたトニーはまさにダイヤモンドの原石そのもので、イギリスを主戦場にしていたからブリティッシュ・レスリングの使い手でもあった。

伝統的な英国スタイルは少年時代に初めて見たビル・ロビンソンを彷彿させてくれた。知恵の輪のように腕や足を自由自在に操るテクニック。アメリカではチェーンレスリングと称されるもの。トーナメント決勝はイオvsトニーのカードとなり、イオが熱戦を制し初代王者となった。ベルトは私がアメリカに発注し持参したが、ヨーロッパ遠征を記念した証とした。これはプロレス界特有の箔付けであり、赤いベルトとは違う価値観を作った。同国人同士のタイトルマッチは認めず、国籍が違う同士の試合でしか争えない。世界でも例のないルールとした。

それから1か月後にトニーはスターダムに来日した。以前にレイナに出場経験があったが、そのことを知る者はほとんどいなかった。大阪のメインで組んだイオvsトニーの再戦に観衆は固唾を飲んだ。これまでスターダムにきたどの外国人レスラーよりも、トニーの動きが秀逸だったからだ。新王者に君臨したトニーは1年8か月の間に15回の防衛に成功。外国人エースとしてSWAの礎を築いた。またトニーは同一年度にシンデレラ・トーナメントと5★STAR GPで優勝した唯一の存在で、2017年度のスターダム・アワードではMVPを受賞した。私はご褒美にオーストリアから彼女の母親と妹を呼んだのだ。トニーはその後、WWEを経てAEWでも活躍した。

2017年6月21日、後楽園ホール
◆ワールド・オブ・スターダム選手権試合
〈王者〉紫雷イオ vs 〈挑戦者〉岩谷麻優

WWE行きが内定していた紫雷イオの最後の赤いベルト戦。
対戦相手は1か月前に宝城カイリを破り、白いベルトの新王者になったばかりの岩谷麻優だった。麻優はそれまで赤いベルトに4度挑戦をしており、5度目の挑戦はイオとなったが……それまでイ

三人娘時代の集大成ともいえる激闘を制し、岩谷麻優は史上初の赤白同時王者に輝いた

オには2度も敗れ去っていた。

「赤白同時二冠王になりたい！」

麻優が初めて私に口にした言葉だった。

だからと言ってイオは14回連続防衛（通算24回防衛）をしている史上最強のチャンピオン。麻優にとっては白いベルトの王者ながら、背水の陣という思いがあった。

イオがWWEに転出するのは公然の秘密だったから、この機会を逃すわけにはいかない。イオと麻優にしかできないスープレックスの応酬は凄みさえ感じさせた。勝負は麻優の必殺技ドラゴン・スープレックスで決着した。三人娘の妹分がようやくトップの座を掴んだのだ。そこにはすでにカイリはいなかったが、これは三人娘時代のフィナーレでもあった。遅咲きの妙という奇跡で初の同時赤白二冠王が誕生したのだ。

しかし、麻優に2つのベルトは重かったのだろう。

白を美闘陽子に明け渡し、その翌日にトニー・ストームとの防衛戦でドロップキックを自爆し、腕を脱臼して赤からも転落。まさに悪夢の2日間を過ごした。

麻優はそれから2年後にビー・プレストリーを破り、2度目の戴冠を果たすと、女子プロレス大賞に繋げたのだ。実にドラマチックな麻優のタイトル遍歴である。

２０１８年５月23日、後楽園ホール
◆ワンダー・オブ・スターダム選手権試合

〈王者〉紫雷イオ vs 〈挑戦者〉渡辺桃

ＷＷＥ行きを決めた紫雷イオは自身2度目の白いベルトの王者になり、防衛戦を次々に敢行した。タイムリミットが迫っていたから、２０１７年12月から半年間で10回の防衛を精力的に繰り広げた。イオにとって日本を離れるまでに、10回を目標にしていたのだ。

11度目の挑戦者はシンデレラ・トーナメント優勝の渡辺桃だ。桃は高校を卒業したばかりの18歳で数か月前に一度挑戦していたから、自らリマッチの権利を掴んだのだ。最初の挑戦した試合を見て私は「次は桃かな……」と頭をよぎるほど大善戦をして見せた。旅立つイオにとっても、同じクイーンズ・クエストの初期メンバーである桃の躍進は嬉しい出来事に違いない。

桃は若さを超えた安定したプロレス力を持つ選手だ。ラッシュするパワーは実にアグレッシブそのもの。とにかく勢いがハンパない。独自の蒼魔刀はどんな状態からでも飛んで叩きつけた。テキーラ・サンライズに加えて、イオを倒すためにピーチ・サンライズを用意してきた。これは以前にイオが桃に伝授したオリジナルのスープレックス。その技でベルトを失ったイオだが、それは本望であった。次期エース候補をしっかり育てて去っていくなんて、イオらしい粋な別れだ。

イオを倒した桃はスターダムの新エースに君臨し、ほぼ1年の間に、実に13度の防衛を記録した。桃の防衛戦は時には赤いベルト戦を押しのけ、メインを張ったこともあった。

赤いベルトの王者だった花月と台風直撃の名古屋国際会議場で二冠戦を行った。この時は名古屋ドームの中日ドラゴンズの試合も中止になったほど、とても興行どころではなかった。林下詩美のデビューと重なり、私は桃と詩美を全面に押し出した。それが賢明の策だった。２０１８年のイオ離脱という最大の危機を救ってくれた桃と詩美には翌年1月、写真集撮影という名目でグアム島に連れ出した。私的にはがんばってくれたご褒美の意味合いもあったのだ。

２０１８年6月17日、後楽園ホール
◆紫雷イオ壮行試合

紫雷イオ&岩谷麻優 vs 花月&葉月

紫雷イオにWWEから声が掛かっていたことは、2016年の暮頃から知っていた。

当時、エージェントだったサラ・ストック（ダーク・エンジェルの名で活躍）から私宛に直接、連絡があったからだ。それはスターダムとイオの契約状況を確認するためのものだったが、私はその旨をイオに伝えた。イオは「チャンスがあるならWWEに行きたい」と言ってきた。それからイオはWWE入団に行き着くまで、逐一私に報告してくれた。2017年4月にはカイリと一緒にメディカル検査のため渡米した。だが体の一部が検査に引っかかって、アメリカ行きを見送ることになる。私は内心ひと安心したが、1年後にはその時期が訪れたのだ。

私は基本的に選手を拘束しない。「来る者は拒まず、去る者は追わない」という一貫した主義があるからだ。選手が辞めたがっているのは、その団体に魅力がなくなったか、もっと魅力的な団体が現れたかの二択が大半だ。いくら追いかけても辞めたければ、それ以上のメリットを与えなければつなぎとめることはできない。スターダムの頂点に上がって5年が過ぎていたイオにとって、WWEにチャレンジするのは賢明な選択だったに違いない。

イオのラストマッチは、本人の希望で「麻優とサンダーロックを組みたい」とのことだった。イオにとって麻優は一番手を焼いた後輩だが、一番可愛がっていた後輩、いや妹分でもあった。サンダーロックはゴッデス王座V10のレコードを持つ名タッグチームだ。ハイジャック式のパイルドライバーや同時撃ちのミサイルキック、イオのケブラーダと麻優のトペの二重奏など、完成された連携はスターダム史上に燦然と輝やいていた。対戦相手は大江戸隊の花月と葉月。プロレス・マスターの競演となった。

イオは花月に対し最後のムーンサルト・プレスを放ち、麻優がドラゴン・スープレックスで仕留めた。これはイオが「後は麻優に任せた」というメッセージ。晴れ晴れした笑顔でスターダムを去ってWWEに入団したイオは、4年経ってようやくメインロースターの仲間入りを果たした。契約切れの時点でNXT止まりだったら、イオは日本に帰ってくる覚悟をしていた。それでも目標だったロウやスマックダウン出場が叶い、世界タッグ王者になりダメージ・コントロールなるユニットで活躍が目覚ましい。またいつかイオと仕事をすることを信じている。

2019年6月16日、後楽園ホール
◆ワンダー・オブ・スターダム選手権試合

〈王者〉星輝ありさ vs 〈挑戦者〉中野たむ

情念がぶつかりあった一戦。この闘いは中野たむの出世試合になった

スターダム一期生の末っ子のような存在だった星輝ありさは、プロレス界で初めてブラジリアンキックを披露したレスラーだ。

その昔、80年代にUWFの出現でキックを使ったプロレスが流行し女子ではクラッシュ・ギャルズがいち早く取り入れた。時代の進化でキックもいろいろアレンジされたが、ありさはシュートボクシングと出会いブラジリアンキックをマスター。16歳で一度はプロレスからフェードアウトしたが、22歳になったありさが6年ぶりにカムバックした。私にとって一番復帰して欲しい存在だったから、諸手を上げて歓迎したものだ。

とにかくありさにはスター性があった。キラキラ輝いていて、カモシカのようなしなやかなキック。復帰後のシンデレラ・トーナメントに優勝し、一発で当時の王者だった渡辺桃を倒し白いベルトを掴んでみせた。

私はありさとの約束で試合で使うコスチュームを全て作ってあげていた。黄色とオレンジが入ったあのコスチュームだ。そして初防衛の相手になったのが中野たむだった。たむはスターダムに入団し2年目に入っていたが、いつももがいていた。ありさはこの試合で後々必殺技となるシャイニング・インパクト（カウンターのジャンピング・ニー）を公開。この技からブラジリアンキックというフルコースでたむを打ち抜いた。

すでにツンデレな関係だった2人だが、コンビを組み、タッグリーグに優勝。公私ともに良好な関係となっていた。ありさは白いベルトを10回連続で防衛し、11回目の防衛戦直前で体調を崩しベルトを返上した。シンデレラ・トーナメントに優勝したジュリアが対戦を熱望したが、ありさは再びリングから去っていったのだ。ありさとは何度も話し合ったが、難しいナイーブな問題を解決することはできなかった。

ジュリアvs木村花

２０１９年12月24日、後楽園ホール

◆シングルマッチ

これからの２人の闘いを期待させる、濃密な15分時間切れだった

たった一度だけ実現した運命のシングルマッチ。

ジュリアがスターダムに入ってきた時から、木村花との絡みを想定していた。それはジュリアを活かすには花が必要と直感したからだ。

ジュリアの入団会見で花が「スターダムにハーフは一人でいい！」という理屈で因縁を吹っかけてきた。負けん気が誰より強く女王様のプライドを持つ花にとって、ジュリアにライバル心を感じたのだろう。ハーフの子どもたちは幼年期から、多かれ少なかれ差別と向き合ってきた。だから話をしなくても互いの立場は理解していた。

ブシロード体制になって初めての後楽園ホール大会。今後を左右する大会だけにカードも、赤と白のタイトルマッチに葉月の引退試合とフルコースを用意した。

その中でも目玉にしたのが、ジュリアと花の一騎打ちだ。感情あらわに互いを否定し合ってきた２人だが、試合は妙にスウィングし噛み合った。15分1本勝負は瞬く間に過ぎていった。時間切れ引き分けながら、この先を想像した人は多かっただろう。

ある日、私とジュリアと花の3人で「いきなりステーキ」に出かけた。私を真ん中にして、ジュリアと花は話をせずに黙々とステーキを食べていた。さて、これからライバル闘争が始まると期待したが……花は何も言わずに天国に旅立った。花は可愛がっている猫を事務所の玄関にそっと置いていった。その頃、ジュリアは事務所の寮に住んでいたから、猫の面倒を見てくれと無言で託したのかもしれない。実はジュリアと花は一番のソウルメイトだった。

2020年11月15日、仙台サンプラザ
◆ワールド・オブ・スターダム選手権試合

〈王者〉岩谷麻優 VS 〈挑戦者〉林下詩美

ブシロード体制となって初の地方ビッグマッチが杜の都、仙台だった。

「スターダムのアイコン」の名を欲しいままにする岩谷麻優に、その年の「5★STAR GP」覇者の林下詩美が挑戦する赤いベルトのタイトルマッチ。

詩美はデビュー2年でシングルの祭典を制覇し、最高峰の座は目前となっていた。詩美の躍進は新生スターダムの輝く星だった。麻優は前年11月にビー・プレストリーから至宝を奪回し、女子プロレス大賞を滑り込みでものにした。

コロナ禍前に開催された表彰式では受賞スピーチの際、「こんな自分を見捨てなかった小川さんに感謝します」と感謝の言葉を述べてくれた。嬉しいやら、照れ臭いような気持ちにさせてくれた麻優。生え抜きの古参になってスターダムを牽引してきたが、Sareeeとの試合が決まっていたのにすっぽかされた苦い思いも経験した。この時はSareeeの所属するディアナの井上京子が詫びてくれたが、その代打を買ってくれた彩羽匠とはノンタイトルで負けて、タイトルマッチでは勝利した。そして詩美の挑戦である。

試合の当日には父であるビッグダディも応援にやってきた。幼い頃から地方を転々とした詩美にとって仙台も忘れられない土地となっていた。試合は詩美のパワーが火を吹いた。初公開のハイジャック・ボムで麻優をマットに葬ったのだ。

これは時代の移り変わる瞬間だった。スターダムの未来をキャリア2年強の詩美に託したのだ。詩美はいつも気負わない平常心で立ち向かう。詩美の強さはどんな逆境にも屈しない心だ。2021年は詩美の戴冠劇と共に始まったのだ。

２０２１年３月３日、日本武道館
◆ワンダー・オブ・スターダム選手権試合＆敗者髪切りマッチ

〈王者〉ジュリアvs〈挑戦者〉中野たむ

スターダムの10周年記念大会は両国国技館あたりを考えていたが、ブシロード体制になり日本武道館に決まった。そもそもは新日本プロレスが２日間押さえていたところを、１日譲ってもらうかたちで実現した。日本武道館は一般では借りられない会場であり、コンサートの公演などを請け負うキョードー横浜が絡んでいた。

10周年を記念する大会だけに原点回帰が一つのテーマだった。そのため、オールスター・ランブルをカードに組み込んだ。愛川ゆず季が８年ぶりに一日復帰を果たし、美闘陽子、脇澤美穂、加藤悠、まなせゆうなのスターダムＯＧ、下田美馬、中西百重の全女ＯＧと現在過去を結ぶメンバーが参戦してくれた。さらにSEAdLINNNGから高橋奈七永と世志琥が参戦し、因縁の岩谷麻優、渡辺桃と対戦。旗揚げメンバーで一期生の麻優と世志琥のシングル対決は、互いの立場が逆転するエモい試合となった。

そしてメインには、団体生え抜きではないジュリアと中野たむを起用した。

ジュリアは前年に女子プロレスのあらゆる賞を独占。時の選手だったことは明白だった。ジュ

従来の髪切りマッチとは違った、悲壮感のない結末。10周年にふさわしい熱戦だった。

リアvsたむはすでに白いベルトを賭けて2試合を闘っており、その内容は御墨付き。3度目の対決はベルトだけではなく、髪の毛を賭けさせた。本書ですでに述べたが、私は本来、ジュリアvs木村花というカードで髪切りマッチを目論んでいた。それが頓挫し、再び髪切りが浮上したのはある意味運命だったと思う。

日本武道館はコロナ禍の最中に開催されたため、午後5時開始で8時までに終了しなければならない裏事情があった。私は時計と睨めっこしながら、試合進行を見守っていた。メインが始まったのが午後7時30分を越えていたから、ヒヤヒヤしていたのは事実……試合はたむがバイオレット・スクリュー・ドライバーからのトワイライト・ドリームで完勝。ジュリアの髪の毛を掴み取った。

ジュリアの断髪はスタイリッシュな髪切りとなり、〝令和の髪切りマッチ〟と称された。控室に戻ったジュリアに理髪師がハサミを入れて、さらに髪を短くした。

私はその模様をつぶさに見ていたが、ジュリアの何とも言えない表情が印象的だった。だから私は珍しくジュリアだけを車に乗せて家まで送ることにした。このカードを決めた責任をどこかで私も背負っていたのだ。その後のジュリアは短髪を逆に駆使してお洒落に変身していく。

２０２１年６月12日、大田区総合体育館
◆ワールド・オブ・スターダム選手権試合

〈王者〉林下詩美 VS 〈挑戦者〉朱里

都合43分の死闘劇……そんな強い印象を与えた、詩美と朱里が覚醒した出世試合でもあった。デビュー2年で最高峰の赤いベルトの王者になった詩美は、スターダムが生んだ逸材。ビッグダディの三女というネーミングで売り出したが、詩美の上昇はまさに神がかっていた。体幹の強さに加えて元来のプロレス好きが次々にスターダムの歴史を塗り替えてきた。

２０１８年夏、絶対的エースの紫雷イオが海外に流出し、団体としてスターダムは岐路に差し掛かっていた。そこに出現した詩美の存在はスターダムの希望峰。だからどんどんチャンスを与え

スターダムの期待の星と実力者・朱里の一戦は大熱戦になった

た。誌美はプロレス大賞の新人賞を受賞するまで活躍。その詩美が岩谷麻優を破り赤いベルトを奪取したのは、まさに時代の流れだった。

渡辺桃、舞華、上谷沙弥、ビー・プレストリーを退けた詩美に挑戦したのが、真の実力者・朱里だ。朱里はキックボクシングやMMAで世界的な実績を積んだが、プロレスでその凄さを表すまでには至っていなかった。「強いんだろうけど……」その実力を認めさせる実績が足りなかったのだ。

フリーとして様々な団体に出場していたが、タイトル戦には絡まない特別な存在という立ち位置で目覚ましい活躍はなかった。そんな朱里が満を持して詩美に挑戦したのだから、壮絶な試合になったのは言うに及ばない。朱里の強烈なキックを耐える詩美の踏ん張りも凄かったし、30分という試合時間を超えて延長戦で両者KOで痛み分け。決着が付かなかったが、試合後は大きな拍手で包まれたのが試合の評価だった。

詩美も朱里もどちらも強さを発揮した名勝負。この後、5★STAR GPで20分時間切れ。都合63分も勝負が付かなかった決着戦では朱里が制したが、それでも時間無制限で36分過ぎに勝負が決まった。すなわち100分に渡りようやく勝ち負けが付いたのだ。これは女子プロレス史上に残るライバル闘争だと私は認定したい。

2021年12月18日、エディオンアリーナ大阪第一競技場
◆1000万円賞金争奪ユニットトーナメント決勝戦
アーティスト・オブ・スターダム選手権試合
〈王者チーム〉**舞華&ひめか&なつぽい** vs
〈挑戦者チーム〉**岩谷麻優&葉月&コグマ**

その年の掉尾を飾る大会が両国国技館に決まっていたから、団体至宝の赤白タイトルマッチは当然のことながら両国開催になった。ならば10日前の大阪ビッグマッチはベルト戦にこだわることはできない。スターダムにとって初進出のエディオンアリーナ大阪第一競技場大会は、そんな状況下

で開催された。そこで敢行されたのが渡辺桃とスターライト・キッドが互いの進退を賭けた敗者強制ユニット移動マッチだ。試合はまさかの桃がＡＺＭを裏切り、自ら進んでクイーンズ・クエストから大江戸隊に移っていった。

もう一つの目玉は、賞金１０００万円を争奪するトーナメントで、決勝戦はＴＬＣルールの上にアーティスト王座も争われた。スターダム初のエディオンアリーナ大阪第一で初のＴＬＣマッチ。そこで底力というかクレージーぶりを発揮したのがＳＴＡＲＳだった。岩谷麻優はラダーのトップからムーンサルト・プレスを強行したり、コグマに至ってはラダーから場外めがけて空中を舞ったのだ。どちらも危険を伴うダイブだ。「絶対にやらないと決めていたけど、ラダーに乗ったらやってしまった」という麻優に比べ、コグマは少女時代に家の屋根から飛び降りていたというナチュラルぶりを満天下に見せつけた。

どちらも受け手には舞華がいた。それにしても舞華の覚悟は素晴らしい。どんな体勢からでも降ってくる相手を受け留めるのだ。試合は戦前からギクシャクしていた、ひめかとなつぽいが勝利目指してラダーに乗って賞金をゲットした。２人の因縁がこれで払拭されたという感動のドラマだったが、一番の立役者は舞華に違いない。舞華の何でも受け切ってやるという肉体の強さが好勝負を生み出したのだ。

2022年2月23日、アオーレ長岡
◆ハイスピード選手権試合
〈王者〉スターライト・キッド vs 〈挑戦者〉AZM

キッズ出身のスターライト・キッドとAZMがハイスピードのベルトをめぐり、ビッグマッチのセミファイナルに抜てきされた出世試合だ。

小学生でデビューしたAZMは今年でデビュー10周年（まだ20歳）となる世界最速のカリスマだ。キッドは中学生デビューで今年で8年を迎える。スターダム初期は風香がキッズの面倒を見ることに長けていたから、積極的に子どもたちがスターダムに入門。夢に始まりAZM、真綾、キッド、ルアカ（琉悪夏）、羽南、妃南、吏南と続いた。

そもそもキッズファイターという括りは、さくらえみが我闘姑娘を旗揚げし、当たり前に子どもたちがプロレスをしていたのがルーツになる。幼くしてプロレスラーになり、高校を卒業したキッドとAZMは兼ねてからのライバルだ。この時は、ファンの人気投票でワンダー・オブ・スターダム戦（上谷沙弥vsなつぽい）とハイスピード選手権の試合順を決めたのだが、白いベルト戦がメインとなった。

ハイスピードは男子で例えるならジュニア・ヘビー級に相当する。ノンストップで素早く動き

ハイスピードの申し子同士の闘いは、海の向こうでも高い評価を受けた

回るプロレスであり、試合時間も10分以内が定番となっていた。この試合は17分3秒という長い勝負タイムだった。理屈なくリングを縦横無尽に走り飛ぶ。ＡＺＭがヌメロ・ウノでタップアウト勝ちしたが、２０２２年上半期の名勝負だった。

私の描く夢は、ビッグマッチでＡＺＭとキッドが赤と白のベルトを同時に巻くことだ。これはかつてＷＷＥのレッスル・マニアでクリス・ベノワとエディ・ゲレロの体の小さな2人が世界級のベルトを同時戴冠し、紙吹雪が舞ったシーンがよぎるからだ。そんなことが本当に起きてしまうのがプロレスの深さであり、仮にそうなったら涙を流し歓喜するファンも多いに違いない。

「子どもの頃から見ていたあの2人が……」

これぞエモいドラマなのだ。すでにハイスピードの最多防衛数を更新したＡＺＭと、大江戸隊に入り人気爆上がり中のキッド。小さなカリスマ誕生こそ、スターダムが不動の人気を獲得した証になる。そんな夢が正夢になるかどうかは、2人のがんばり次第ということになろう。

2022年8月21日、ドルフィンズアリーナ
◆ワンダー・オブ・スターダム選手権試合
〈王者〉上谷沙弥 VS 〈挑戦者〉ひめか

林下詩美が逸材ならば、上谷沙弥はさらに上を行く20年に一人の逸材ということになる。ダンスで鍛えた身体能力はデビューしたての頃から目を見張るものがあった。あの長身で飯伏幸太ばりのスタンディング式のシューティングスター・プレスを難なくこなし、ついにはフェニックス・スプラッシュまでマスターしてみせた。性格的にはナチュラルで情緒も激しい。そしてリング度胸は抜群。体が柔らかいからどんな落ち方をしても怪我をしない。プロレスラーに必要な要素を幾つも兼ね備えている。だから中野たむから白いベルトを奪うのはある意味で必然だった。

防衛も10回以上を数えたが、一番印象的だった試合はひめかとの試合だった。当初はＫＡＩＲＩと防衛戦を予定していたが、土壇場でＫＡＩＲＩのコロナ陽性判定が出てしまい挑戦者不在になっ

てしまったのだ。

ひめかは代打として挑戦者を買って出てくれたが、いつになくアグレッシブに上谷を攻めまくる。クライマックスは上谷の雪崩式フランケンシュタイナーを、ひめかがパワーボムで投げ落としたシーンだった。誰もが上谷の敗北がよぎったが、そこを耐えて逆転のフブキラナ（裏フランケンシュタイナー）でフォール勝ち。ひめかの強さと上谷の受けの凄さが際立った試合だ。だが、その次の防衛戦で白川未奈の顔面にフェニックススプラッシュを激突させて、また上谷は落ち込んだ。そして次のKAIRI戦で気持ちも復活した。上谷というチャンピオンは落ち着いているように見えて、いつも心が揺さぶられているから見逃せない王者なのだ。

2022年10月1日、武蔵野の森総合スポーツプラザ
◆5★STAR GP2022公式リーグ戦
ジュリア VS 鈴季すず

アイスリボン時代、ジュリアを姉のように慕った鈴季すずが、プロミネンスのメンバーとしてスターダムに殴り込んできたのは、2022年最大のサプライズだったに違いない。

デスマッチに憧れ、世羅りさに同調し、アイスリボンを電撃退団したすずとジュリアの関係性は散々記事になっているからご存じの方も多いだろう。姉妹関係だったから、その愛憎も尋常ではなかった。すずはジュリアと再会したくて、闘いたくてスターダムにやってきたのだ。ジュリアがアイスリボンを退団したことで、すずはランクが上がり団体のトップベルトまでたどり着いた。本来ならジュリアに回ってくるはずのベルトをすずが巻いたのは、時のいたずらだった。

ジュリアvsすずのシングル決戦は「5★STAR GP」の最終リーグ戦で実現した。1月29日の名古屋大会に乗り込んできてから8か月も待たせたが、それには理由がある。まず大会場でやりたかったし、なかなかシングルを行うシチュエーションやタイミングがこなかった。

武蔵野の森は来場した方ならわかるだろうが、1万人クラスの大きな会場だ。公式リーグ戦が12試合並んだ中では一際異彩を放った一戦だったのは間違いない。やはり大勢の観客にこの対決を見てもらいたかった。入場の時点でジュリアとすずは目頭を熱くしていた。前代未聞の姉妹対決は感傷的な雰囲気になったが、ゴングが鳴るとウエットな気持ちはイッキに吹っ飛んだ。ジュリアとすずはまるで一卵性双生児のごとく、あらゆる面で同じ血が入っているように映った。身体とプライドを張っての負けられない闘いは、似た者同士の合わせ鏡。公式リーグ戦の15分は瞬く間に時間が経過した。壮大な姉妹喧嘩の行く末はどうなっていくのか……何回でも闘わせたい。

2022年11月20日、有明アリーナ
◆IWGP女子初代王座決定戦

岩谷麻優vsKAIRI

スターダムがブシロードに事業譲渡する際に私が要望したのが、IWGP女子王座の新設だった。新日本プロレスの至宝であるこの名前は、世界的なタイトルとして広く認知されていたから、グループ入りする大きなメリットと考えていた。

「IWGP女子を作るなら今あるベルトを封印しなければ……」と木谷オーナーは言った。

それはまだ実績のないスターダムがIWGPを名乗るのは時期尚早ということだった。だから私の頭の中でIWGPという名称は一旦消すことにした。それよりも現存する赤いベルトと白いベルトの価値をさらに上げるしかない。

あれから3年経って、スターダムと新日本プロレスの合同興行が決まった。その目玉となったのがIWGP女子王座の新設だ。忘れかけた頃に突然、降って湧いた話。新日本が認定管理する王座だが、木谷オーナー主導により話が進められていった。

「外国人を加えたトーナメント」という原案があり、タイミングよく新日本のロンドン大会が開催される。そこでインターナショナル・ブロックの1回戦としてアルファ・フィーメルvsアバ・ホ

5年半ぶりとなったシングルマッチ、2人は観る者の感情を揺さぶる闘いを繰り広げた。

ワイトを組むことにした。スターダム・ブロックは岩谷麻優、林下詩美、ひめか、渡辺桃がエントリー。インターナショナル枠に元ＷＷＥのＫＡＩＲＩが必然的に入ることに。トーナメント決勝は合同興行が行われる有明アリーナだ。そこに勝ち抜いてきたのが、岩谷麻優とＫＡＩＲＩだった。

　麻優の方が1年先輩だが、ウサギとカメのごとくＫＡＩＲＩがどんどん先行していく。赤いベルトを先に獲ったのもＫＡＩＲＩだし、麻優は後塵を拝してきた。麻優がＫＡＩＲＩに追いついたのが２０１７年5月。ＷＷＥ転身を決めたＫＡＩＲＩが持っていた白いベルトを麻優が奪取したのだ。

　ともに山口県出身という同郷の2人は特に親しかったわけではないが、ＫＡＩＲＩはいつも麻優を立てていた。三人娘で行動することが多かったから、この3人は姉妹というか同志のような関係を保ってきた。

麻優は事前インタビューでKAIRIに対し辛辣な言葉を発していた。これは本音だが、どこかでKAIRIなら言いたいことを受け止めてくれると感じたからだろう。KAIRIはあえて発言はしなかった。合同興行のメインイベントに女子が抜てきされ、スターダム創成期から切磋琢磨してきた麻優とKAIRIがIWGP女子を争う。新人時代を知っている私にしてみれば感慨深い試合。2人が入場し、私がベルトを観客に向かって紹介する。何ともすごい場面だった。あの頃、同じ一軒家で寝食を共にしていた我々がここまで到達したのだ。

試合は感情が揺さぶられる闘いになった。互いの心情がわかるだけに、一つ一つのシーンに力がこもる。試合は一進一退を繰り返した。インセインエルボーを返されたKAIRIだが、2発目はしっかり決めてみせた。敗者の麻優はやり切れない何とも言えない顔つきをし、KAIRIも切ない顔をした。これは闘った2人の心模様を如実に表した場面だった。

私からすれば、センチメンタルな名勝負を目の当たりにした気分だった。

バックステージではKAIRIが「ありがとうございます」と握手を求めてきた。麻優の姿はなかったから、先に帰ったかと思って車に乗ったら、すでに乗車していたのだ。

無論、試合のことは何も話さずに車は都心に向かった。そこは暗黙の了解だった。

ジュリア（スターダム）

「ロッシー小川が作ったスターダムを私が一番にします！」

【特別対談　その3】

衝撃的な参戦表明から約3年半。ついに最高峰の赤いベルトを手中に収め、団体の顔となったジュリア選手。女子プロレス界の未来を背負うジュリア選手を、ロッシー小川はどのように見ているのか。2人に語っていただいた。

聞き手／入江孝幸、写真／大川昇

授賞式会場で後光が差していたロッシー小川の第一印象

——お二人が初めて会ったのは、やはり、あの時の〝交渉〟の場なんですか？

小川　いや、違いますよ。2019年の1月だったかな。林下詩美が東京スポーツのプロレス大賞で新人賞を獲って、その授賞式があったんですよ。私はその付き添いで行っていたんですけど、その時の女子プロレス大賞は（アイスリボンの）藤本つかさだったんですよ。それでジュリアもきていて。

ジュリア　そうですね、付き人として会場に行ってました。

小川　他にもけっこうアイスリボンの選手がきていたんだけど、私のことを知っているはずなのに、誰も挨拶にこなくて……。

——まぁ、いろいろありましたからね（苦笑）。

小川　それにしたってね（苦笑）。だけど、そんな中でアイスリボン勢で唯一、挨拶にきてくれたのがジュリアだったんですよ。そこで印象に残ったの。

——ジュリアさんは覚えていますか？

ジュリア　すっごく覚えていますよ。なんか、ロッシー小川という人はなんだろ？　まぁ、前の団体にいた時に「あの人（ロッシー小川）は悪い人だから近づくな」的なマインドコントロールをされていたわけですよ（笑）。印象操作というやつですよね。だから私自身も小川さんには〝怪しい人〟というイメージを持っていたんですけど……。

——怪しい人（笑）。でも、そんな怪しい人によくぞ近づきましたね。

ジュリア　プロレス大賞の授賞会場の控室には、男女含めてたくさんの大物選手がいたんですね。

——表彰される選手たちですから、錚々たる面々ですよね。

ジュリア　そんな大物選手がたくさんいる中で、ものすごいオーラが出ているなと思ったのが、ケニー・オメガ、林下詩美、そして、ロッシー小川だったん

ですよ。

――すごい並びですね……。ケニー・オメガ選手と林下詩美選手が並ぶのはわかりますけれども、そこに小川さんが入るのは……不思議というか信じられません（苦笑）。

ジュリア　ロッシー小川と林下詩美が二人で並んで立っている姿が……なんていうんだろう？　本当に輝いているっていうか、あ、これがオーラなんだなって思って。リアルに二人の周りがかすんで見えて、二人だけがクッキリ映って見えて、気付いたら吸い込まれるように挨拶に行っていたんですよ。そこで御挨拶をさせていただいたという感じです。

小川　そこからね、ジュリアという選手が気になりはじめたんです。サムライTVのニュースとかで動いているところを気にするようになって、試合の動画とか見るようになってね。なんとなく、頭の中で「あ、この選手、気になるな……」って。

――ジュリアさん自身はいつからスターダムという団体を意識するようになりましたか？

ジュリア　スターダムを意識するようになったのは、挨拶した後だったかな？　前の団体には2年もいなかったんですが、自分がプロレスをやっていくうえで、このままじゃ良くないって思っていたんです。当時もプロレスのことはすごく好きだったけど、現実的なことを考えたら、見切りをつけることも必要かもしれない。そういうことを考えていたら、一度、前の団体を辞めて、練習生からでもいいからスターダムに入って新しいスタートを切るのも一つの手段だな、って常に頭の中にあったんですよ。

——その時点……、つまり前の団体を辞める半年以上前からスターダムが気になっていたと？

ジュリア　私はプロレスが好きで好きでプロレスの世界に入ったんです。だからプロレスラーになる前からスターダムの大会は見に行っていましたね。

——最初は挨拶だけの出会いでしたが、移籍することになって改めて話し合いをするようになったと思いますが……。

小川　その経緯についてはジュリアが自伝を出す時に書いてもらおうよ。だから彩図社さん、頼みますよ（笑）。

ジュリア　ぜひ！（笑）

スターダムのファンのために新しいジュリア像を作りたかった

——では、移籍の経緯はさておき……、紆余曲折の末に2019年10月14日、ジュリアさんは初めてスターダムのリングに現れ、参戦表明をしました。あの時、リングから見た光景はいかがでしたか？　まぁ、緊張しかないと思いますが……。

ジュリア　緊張ってよりも武者震いがしましたね。

——あの時、試合後の流れからジュリアさんはクイーンズクエストの面々とその場を締めたじゃないですか？　当初はQQ入りという考えがあってのことですか？

小川　あれは大会の流れの勢いでしょ。ジュリアが初めてスターダムのリングに上がるということで、ちゃんとできるのかという不安はあったんです。でも、あの時は自分の役割をきちんとこなしたんじゃないですか。

——急な参戦表明ということで、お互いに気持ちに整理がついていないところもあったでしょうしね。小川さん自身はスターダムでのジュリア選手は、どうなってほしいと思っていましたか？

小川　どういうふうにっていうよりも……正直言って、当時、ジュリアの試合自体、あまり見たことがなかったからね。だけど、いろいろ模索して今までにない新しいタイプのプロレスラーになってほしいとは思ってたかな。でも、それが何が今までにないものがなんなのかわからないし。で、試合に出場する前に取材で台湾に行ったんですよ。

——そういえばスターダムの選手たちが台湾に行って現地の映画に出演していましたね。

小川　それとは別の話なんだけどね。その時にジュリアといろいろな話をしたんですよ。それはスターダムでのイメージ作りだったりなんだけど。その時のスターダムのファンはジュリアのそれまでを知らない人が多いわけじゃない？　だから新しいイメージを作りたかったんだよね。

——ジュリアさん自身はスターダムでは「こんな選手になりたい」というイメージはお持ちだったのでしょうか？

ジュリア　あの時期は、正直なところ自分もようやくプロレスをすることが楽しいって思えるようになってきた頃だったんです。だから「こういうふうになりたい」と考える余裕はなかったんですよね。

小川　まだキャリアも浅かったしね。

ジュリア　とにかく必死な時期でしたよね。トレーニングに必死だったし、がんばって先輩に食らいつくのにも必死だった中での移籍だったわけです。その中で小川さんは常々、新しいジュリアについて提案してくれたんですけど……自分は「どうすればいいんだろう？」という壁にぶち当たってましたね。自分がこうなりたいという理想はあったけれど、「今の自分の力量で果たしてそれができるのか？」という葛藤もあって。でも、止まっている時間もないじゃないですか？　移籍してしまったわけだし。

小川　私としては、ジュリアを成功させなければ先はないなと。スターダムは体制が変わったことで次々と新しい選手が入ることを想定していたんですよ。その一人目としてジュリアを成功させることが、自分の使命だと思ってましたね。

思うようにできなかった参戦初期　ロッシー小川も我慢の時があった

――ただ、ジュリアさんは参戦表明からスターダムデビューまで少し時間が空きましたよね？

小川　参戦表明からスターダムのリングで試合をするまで約2か月だっけ。それは、まぁ、いろいろ事情があってね。この本でも書いているけど、その間、何もしなかったわけではなくて、ジュリアを巡業に同行させて、裏方として働いてもらっていたんだよね。スターダムという環境に早く慣れてほしいというか、ほかの選手たちとの距離を縮めてほしいという考えで。

ジュリア　いや〜、全然、縮まりませんでしたよ。常に足が震えてました、仕事をこなしながら（苦笑）。

小川　そして、デビュー戦（2019年12月8日、新木場1stRING）は葉月とやらせたんだけど……試合自体をあまりみたことがなかったから「こんなもんなの？」と思ったところもあったかな。

ジュリア　（苦笑）

小川　わからなかったんだよね、ジュリアがどんな試合をするのか。2試合、3試合と見ていっても。だから自分の中で我慢して……。いつか花開くだろうって思っていた。

ジュリア　ガマンさせてたんだ（笑）。

小川　私の思い描いていた試合と違っていたんですよ。

ジュリア　どういうものだと思ってたんですか？

小川　もっとできるはずでしょ？　そう思ってた。

ジュリア　あぁ、そうですね……やっぱり、その当時、

2019年12月8日のスターダム初試合（新木場1stRING）

何をしても批判されていたのと、スターダムの選手たちが完全にジュリアを受け入れてない。まぁ、そりゃそうだなってわかるんですけど（苦笑）。それを覚悟してきていたけれど、初めての経験で、いざ直面してみると、「一発で跳ね返してやる！」って思っていたことができなかったんですよね。それはすごい悔しかったですね、相手を振り向かせることができなかったわけですから。

小川　でも、２０１９年12月の後楽園大会で木村花と初めてやったんだけど、この試合がけっこうスイングして、その日から変わったかなと思ったね。それまでとは全然違うジュリアだった。

――個人的には、ジュリアさんは最初から開き直って試合をしているように見えました。

ジュリア　本当のことをいうと……小川さんの本だから本当のことを話しますけど、自分にそう言い聞かせてました。開き直るしかなくて、「ジュリアのことが好きで好きでたまらない諸君」って言ってましたよ。だって、みんな、ジュリアのことを嫌ってるんだから（笑）。

小川　当時は毎日のように一緒にご飯を食べていろいろと話をしたよね。

ジュリア　しましたね。

――そこまでジュリアさんに入れ込んだ理由はなんでしょう？

小川　プロレスラーは最終的には一人で歩いていかなきゃいけないけど、最初のキッカケを作ってあげることが私の仕事だから。

シンデレラトーナメント決勝 観客からの声援で変化を実感

――そこからほどなくしてライバルに恵まれましたよね。たとえば先ほど小川さんが名前を挙げた木村花さんですとか、絡み始めてすぐに引退してしまったけれど星輝ありささんですとか……。

小川　ありさとは試合、そんなにしてないでしょ？

ジュリア　そうですね、東京ドームと地方で何度かですけど、星輝ありさは……なんだろう？　木村花とは違った形で自分に興味を示してくれたんですよね。みんなが「オマエが嫌いだ！」って言う中で興味を持ってくれて。だから変わった人だなって思ったんですよね。それで私も純粋にこの人と闘ってみたいなと思っていたら、東京ドームでのタッグマッチがあって。ここから何か始まるのかなと思ってたんですけどね……。

小川　それで、そこからしばらくして「あ、ブレイクしたな」って思ったのが２０２０年のシンデレラトーナメントだよね。そこでジュリアコールが起こって……。

ジュリア　あれはビックリしましたね。決勝は刀羅ナツコとやって、みんなジュリアを応援してるんですよ！「え？」みたいな。「私のこと、嫌いじゃないの？」って（笑）。

――自分に風が吹いてきたって感じましたか？

ジュリア　追い風を感じるよりも戸惑いを感じましたよ！

――小川さんはその風景をどう見ていましたか？

小川　これから始まるんだなって。ジュリア時代の始まりだなって。もう私が何かを言うことはないなって思いましたよね、あの時に。

――その後、中野たむ選手との一連の闘いがあって武道館のメインを務めるまでになりますけど、それは参戦当初にジュリア選手自身が描いていた世界でしたか？

ジュリア　思い描いていた世界というか、ここには私が求めていた闘いがあったんですよね。それを感じて、やっとプロレスラーになれたんだなって実感しました。

ドンナ・デル・モンド誕生秘話　土壇場で変わったユニット名

――さらにドンナ・デル・モンドを結成してからは、より存在感が大きくなっていきましたよね。

小川　ドンナ・デル・モンドというユニットはね、

最初、新日本プロレスのロス・インゴベルナブレス・デ・ハポンみたいにしたかったのよ。個性的な選手の集まりで団体の代表的なユニットになればいいなって。でも、最初はユニット名は違ってたよね？ドンナ……なんだっけ？

ジュリア　ドンナ・ボラーレですね。というか、最初からドンナ・デル・モンドがあって、で、やっぱり、ドンナ・ボラーレにしようとなって。

小川　ボラーレには飛ぶという意味があるんだよね。

ジュリア　そうですね。で、朱里を迎え入れて初登場した後楽園大会の時はドンナ・ボラーレでいこうと思ってたんですけど……直前で「やっぱりドンナ・デル・モンドで！」ってなったんですよね。

小川　本当に直前も直前だった。

ジュリア　3人で入場準備もできて、それこそ、もう少しで入場テーマが流れるぞってころでしたから（笑）。朱里にも舞華にも「ユニット名はドンナ・ボラーレね！」って伝えていたのに、なんだろう？試合直前になって、なんかビビッときてドンナ・デル・モンドのほうがシックリくるなって思って、変えたんですすよ。

小川　私も出番直前に聞いたから驚いて……。そういうユニット名とか、キメのフレーズとかは一緒に考えて……。

ジュリア　考えましたね〜。私が上手く言えなかったけど（笑）。

小川　そうやって新しい存在になっていったと思う。

ジュリア　そうやって小川さんがアドバイスしてくれて、たとえば「ジュリアのことが好きで好きで……」とかは最初、「はぁ？　なに言ってんの？」って思ったんですけど、でも、そこまで考えてくれてるんだったら乗っかるしかないって。今は逆に良かったなって思っています。

小川　それで試合後に「最後、何か言ったほうがいいんじゃない？」ってできたのが……。

ジュリア　アリベデルチ！　今でこそ定着していますけど、最初はシーンとしらけちゃって（苦笑）。

——その後、キャリア3年で女子プロレス大賞を獲得したりと、一見するととんとん拍子に思えるんですけど、小川さんとしてはジュリアさんがここまで順調に進むと思っていましたか？

小川　シンデレラトーナメントを制した時に「今年の女子プロレス大賞は、もう決まりでしょ！」って確信しましたよ。

ジュリア　（驚いて）へぇ～、マジですか！　本当ですか？　私は想像もできなかったですよ。受賞の電話がかかってきた時……その日は舞華と一緒に道場で練習して、その帰りだったんですけど、舞華に「おつかれ！」って言って一人で歩いてたら電話がかかってきて。ビックリしちゃって……しゃがみこんで大号泣したっていう……。

小川　でも、私はその電話がかかってきた時、出る前に、そういう予感はしたの。

ジュリア　私はまったくしてなくて（笑）。

小川　キャリア3年目のことだったけど、私の中ではその前のキャリアのことは、よくわからないし、感覚的には違う国からやってきた新しいスターなんだよね、ジュリアは。

――小川さんならではの捉え方ですね。

小川　そういう感覚で作っていかないと新しいものは生まれないよね。

記憶に残る〝語られる選手〟にこの先のジュリア選手に望むこと

――まだまだ進化は止まらないと思うのですが、今後、ジュリアさんにはどのような存在になってほしいですか？

小川　今後？　もう存在感はあるというか完成しているからね。そうだな～、ジュリアがしゃべることが記事になったりとか、プロレス界で現象を起こしたりだとか……昔の北斗晶じゃないけどさ、チャンピオンがどうのこうの、ベルトがどうのこうのは別として影響力を与える選手になってほしいね。たとえば、何年後かにジュリアが引退して、さらに時間が過ぎた後に「そういえば、この時代ってジュリアが活躍していたね」って〝語られる選手〟という意味でね。まぁ、それはもっと先々の話になるけど。

――そのために今、ジュリア選手がするべきことはなんでしょう？

小川　そうなるには日々の蓄積が大事だからね。それはやろうと思ってやれるわけじゃないからね。そのためには言葉は大事になってくるでしょう。発言とか……今はＳＮＳがあるから。最初の方はジュリアはTwitterだって時間をかけて……。

ジュリア　そうですね。1回、Twitterを書いて。で、閉じて。もう一回、それを見て……そうすると、「なんか違うな」って思ってしまうんですよね。で、少し書き直してみると、今度は書き直したものが「本当にこれでいいのか？」と思えてきて、少し時間を置いて確認して。シックリくるまで投稿しないって感じでやってましたね。

小川　スターダムにきたばかりだったからね。新しい自分としての言葉だから、練り上げていかないとダメだってわかっていたんだろうね。

――スターダムにきてから現在に至るまで、ジュリアさんが小川さんに教わったこと、学んだことはどんなことでしょう？

ジュリア　小川さんから学んだことですか？（しばしロッシー小川の顔を見て）ロッシー小川という人物から学んだことは……（熟考）。

――ありませんか？

ジュリア　いや、ありますよ！（笑）う～ん……〝気楽にいく〟ってことですかね（笑）。

――意外です。

ジュリア　意外ですか？

――なんとなくですけど、小川さんは常に女子プロレスのことを考えていて、常に緊張感があって、気楽さは感じないので……まぁ、我々に対してだけでしょうけど（苦笑）。

小川　そう？（笑）

ジュリア　小川さんから漂う「気楽にいこうよ」、「そんなに考え過ぎるなよ」っていうのは、学んだというか、なんだろうな～。スターダムにきたばかりのころは、落ち込んだり、苦しい時期があったんです。期間としては長くはなかったと思うんですけど、その落ち込み度、苦しみ度はかなり深かったんですよね。そんな時に「そんなことを気にしているようじゃトップには行けないよ」ということを伝えるのに、「気楽にいこうよ」的な感じで接してくれたんですよね、小川さんは。

——それだけジュリアさんの力を最大限に引き上げたかったのでしょうね。

ジュリア　あとは小川さんは、言葉一つとっても、普通のことを言っても面白くないということを教えてくれました。プロレスは自由で決まりはないから、お客さんの記憶の中に自分のことを残すにはどうすればいいのか、ということですよね。私がこう言ったらお客さんはこう思うだろうから、これは言ったほうがいいのか、やめたほうがいいのか……、そんな感じで迷っていたら、たぶん、今の私はいないと思うんです。小川さんはそんな感じで悩んでいると、「もっと気楽に言っちゃいなよ！」って手を差し伸べてくれるんですよね。

小川　迷わず行けよ、行けばわかるさ、ですよ。

——ここでアントニオ猪木イズムですか！

ジュリア　でも、マジで本当にそうですね。それは言葉やその選び方だけではなくて、行動も何もかも。だから私はスターダムにきて、いろいろ自由にやれたんじゃないかな。スターライト・キッドのマスクを破ったり、中野たむと髪の毛を賭けて闘ったりだとか、そういうのができたのは、ごちゃごちゃ考えずにロッシー小川から教わった「気楽にいこうぜ！」イズムですよね。

小川　あとね、これは前に……なんでこんなことを言ったのか覚えていないけど、ジュリアに「自分のブランドを作ったほうがいいんじゃないの？」って言ったことがあって。『グロリア・ジュリア』って名前で。「GG」ってロゴで……。

S　GG……言ってましたね。ま、ブランド名は、まんまですけどね（笑）。アパレルブランドを作ってみたら、といきなり言ってきて（笑）。あと、その時、小川さんは「ドンナ・デル・モンドの5人でアメリカで撮影会をやりなよ」って言ってましたよね。

小川　雑誌のグラビアか何かでジュリアのファッショナブルな写真があったんですよ。それを見て、モデルもできるし、だったらアパレルを展開してもできるんじゃないかな～って。それでグロリア・ジュリアの話になったんだと思う。

ジュリア　いいと思いますけど、その時は資金調達をお願いしますよ！（笑）

赤いベルトの王者としての責任 女子プロレスを背負う覚悟

――（笑）そして2022年12月に赤いベルトにたどり着きました。

ジュリア　その時は〝気楽〟じゃないですよ（笑）。

――もちろん、それは分かります（笑）。でも、正直なところ、スターダムに登場した当初の勢いを考えると、もっと早く戴冠すると思っていました。

小川　途中、ケガしちゃって欠場もしていたからね。

――ジュリアさんは2021年の9月から約3か月間、ケガのために欠場されました。

小川　たぶん、あのまま順調にいっていたら1年早く赤いベルトに手が届いていたんじゃないの？　でも、なんていうのかな、1回落ちるというわけではないけど、そういう時期も大事なんだよね。そうじゃないと跳ね返りがないから。スターはそこから上がっていく時間も必要だからね。プロレスはちょっと落ち込んだ時に次のリバウンドをどうするか？　これが大事なんですよ。それを経験するとプロレスラーとして面白い存在になれるから。上手くいき過ぎた人は面白くないですよ。

ジュリア　なるほど、深いな～……。

――たしかに這い上がっていくところをプロレスラーと共有する時間というのは、ファンとして醍醐味でもありますよね。ジュリアさんは赤いベルトを戴冠してから〝背負っているものが違う〟という発言をされていますよね？

ジュリア　そうですね、先日の後楽園大会で雪妃真矢にも言いましたね。

——その背負っているものというのは？

ジュリア　私は最初は自分のためにスターダムにきたんですよ。でも、やっていく中で自分のため、自分のことだけを考えていたら「やってらんね〜！」ってなったんです。

——どういうことでしょう？

ジュリア　なんだろう、もっと好きなことというか、もっと夢を持たないとな〜って思ったんですよ。自分がこうなりたいじゃなくて、女子プロレスをもう1回、ブームにしなければいけないって。過去には何度かすごい女子プロレスブームがあったんですよね。そのブームを私だって経験したいし、起こしたい。そうしたらすべてが盛り上がって、その結果、私も良い思いができるじゃないですか？　そう考えるようになったんです。だから、それが〝背負っているもの〟なのかな。

——スターダム登場当初はいろいろありましたが、ここまで上り詰めることができた原動力はなんでしょう？

ジュリア　登場当初は私の行動が大炎上して、結果、町を歩いている時にも脅迫めいたことを言われたりしたこともあったんです。事務所にも殺害予告的なものが届いたこともあって。「私は外を歩くだけでこんなことを言われるんだ？」って不安になって落ち込みました。その時は外を歩くのも怖くなったし、

➡2022年12月29日、王者・朱里から赤いベルトを奪取した

誰かに狙われているんじゃないかという恐怖もあったんですね。でも、逆にそういうことがあったから、私はプロレスの世界でのし上がるしかないんだってより一層思えて、その境地に踏み込んじゃったんだと思います。

――そんなジュリア選手と小川さんは今後のスターダムをどのようにしていきますか？

小川　いろいろな選手がスターダムに上がるようになりましたけど、自分の中では、ある程度のレベルの選手はきたのかなという思いはあります。プロレスで大事なのは育てること、育成することだから、これからは外部の選手も含めて育成をしていきたい。あとは〝再生〟だよね。

――〝再生〟ですか。

小川　そう〝再生〟です。そういう意味では、ジュリアの役割もこれから大きくなってくるんじゃないの？　ジュリアにはもっと今以上にスターダムで絶対的な存在になってほしい。団体内部をコントロールできるようになったら、きっともっと面白くなるんじゃない。

ジュリア　私はロッシー小川が作ったスターダムを一番にしますよ。ロッシー小川という存在が女子プロレスの歴史を紡いできたから、今の女子プロレス、スターダムがあるわけじゃないですか？　これってすごいことだと思うんですよね。あと何より、こんなに選手みんなから好かれるトップってなかなかないと思うから。色々悪評はあるけど、変に良い人ぶらないだけ。選手は本当のところがわかってるから。（笑）だからロッシーが作ったモノを一番にしてやりたい。スターダムを男子女子を含めてプロレス界で一番にすることができれば、女子プロレスも盛り上がるし、プロレス全体も盛り上がる。だから、私はスターダムを一番にすることを目指します！

（了）

ジュリア…1994年生まれ。ロンドン出身。17年にアイスリボンでデビュー。19年10月、スターダム後楽園ホール大会で参戦を直訴し、11月に正式入団を果たす。20年1月、朱里、舞華と「ドンナ・デル・モンド（DDM）」を結成。同年2月、DDMでアーティスト王座を獲得。3月にはシンデレラトーナメントを制し、7月にワンダー・オブ・スターダム王座を奪取するなど、移籍1年目から大活躍し、東京スポーツ制定の2020年度の女子プロレス大賞を獲得した。22年12月、朱里を破り、悲願のワールド・オブ・スターダム王座を獲得した。162cm、55kg

著者紹介

ロッシー小川（ろっしー・おがわ）

1957年5月1日、千葉県千葉市出身。東京写真専門学校在学中に全日本女子プロレスのオフィシャル・カメラマンとなり、78年1月に全女に正式入社。広報担当としてクラッシュギャルズの芸能マネージャーなどを経て、取締役企画広報部長に就任。90年代には団体対抗戦を仕切った。97年に全女を退社し理想を求めアルシオンを設立。以降、AtoZ、JDスターではマッチメイカーを務め、風香祭、ゆずポン祭りをプロデュース。11年1月に新団体スターダムを旗揚げ。現在は同団体のエグゼクティブ・プロデューサーを務める。これまでに多くのスターを育成した女子プロレス界の名伯楽である。

編集協力：入江孝幸
制作協力：スターダム／株式会社ブシロードファイト

秘蔵写真、お宝グッズ、エピソードで見る
ロッシー小川　女子プロレス55年史

2023年4月20日　第1刷
2023年4月21日　第2刷

著　者　ロッシー小川

発行人　山田有司

発行所　株式会社　彩図社
東京都豊島区南大塚3-24-4
MTビル　〒170-0005
TEL：03-5985-8213　FAX：03-5985-8224

印刷所　シナノ印刷株式会社

URL：https://www.saiz.co.jp　Twitter：https://twitter.com/saiz_sha

© 2023.Rossy Ogawa Printed in Japan.
ISBN978-4-8013-0654-7 C0095
落丁・乱丁本は小社宛にお送りください。送料小社負担にて、お取り替えいたします。
定価はカバーに表示してあります。
本書の無断複写は著作権上での例外を除き、禁じられています。